Daniel Gramlich

Big Data im Fußball

Technische Grundlagen der Datensammlung und -analyse und ihre Auswirkungen auf den Fußball

Bibliografische Information der Deutschen Nationalbibliothek:

Die Deutsche Nationalbibliothek verzeichnet diese Publikation in der Deutschen Nationalbibliografie; detaillierte bibliografische Daten sind im Internet über http://dnb.d-nb.de abrufbar.

Impressum:

Copyright © Studylab 2018

Ein Imprint der Open Publishing GmbH

Druck und Bindung: Books on Demand GmbH, Norderstedt, Germany

Coverbild: Open Publishing GmbH | Freepik.com | Flaticon.com | ei8htz

Inhaltsverzeichnis

Abkürzungsverzeichnis

ASP	Application Service Providing
BIS	Bundesamts für Sicherheit in der Informationstechnik
CPU Central	Processing Unit
DFB	Deutscher Fußballbund
DFL	Deutsche Fußball Liga
DRAM	Dynamic Random Access Memory
ELAS	Elektronischen Leistungs- und Aufzeichnungssysteme
EM	Europameisterschaft
FC	Fußballclub
FIFA	Fédération Internationale de Football Association
FSB	Front Side Bus
GPS	Global Positioning System
I / O	Input / Output
IaaS	Infrastructure as a Service
IFAB	International Football Association Board
KPI	Key-Performance-Indikator
MB	Megabyte
ms	Millisekunde
NBA	National Basketball Association
NIST	National Institute of Standards and Technology
ns	Nanosekunde
NUMA	Non-Uniform Memory Access
Oakland A's	Oakland Athletics (Baseballteam in den USA)
PaaS	Platform as a Service
QPI	Quick Path Intercom
RAM	Random Access Memory
SaaS	Software as a Service

SRAM	Static Random Access Memory
SSD	Solid-State-Drive
TSG	Turn- und Sportgemeinschaft
US-$	Amerikanische Dollar
USB	Universal Serial Bus
USV	Unterbrechungsfreie Stromversorgung
VHS	Video Home System
VPN	Virtual Private Network
VR	Virtual Reality
WM	Weltmeisterschaft

Abbildungsverzeichnis

Tabellenverzeichnis

1 Einleitung

„Der Ball ist rund und das Spiel dauert 90 Minuten"[1], so beschrieb der ehemalige Bundestrainer Sepp Herberger einst das „Lieblingsspiel" der Deutschen.

„Geht's raus und spielt's Fußball"[2], gab Franz Beckenbauer seiner Weltmeistermannschaft von 1990 mit auf den Weg.

Ganz so einfach stellt sich der Fußball in der heutigen Zeit aber nicht mehr dar. Heute bestimmen Taktikdebatten oder Diskussionen über den *„Laptop-Trainer"*[3] den Fußball. Auch die Digitalisierung macht vor dem Fußball nicht halt. Tracking-Geräte, Sensoren und Ähnliches haben schon lange den Weg in den Fußball geschafft. Es werden viele Daten gesammelt und somit ist auch der Begriff „Big Data" im Fußball kein Fremdwort mehr. Stellt sich nur die Frage: Wie soll mit all diesen Daten umgegangen werden? Eine Möglichkeit dafür liefert die SAP mit ihrem Produkt „Sports One". Dies ist ein In-Memory-System auf Grundlage von SAP HANA und ermöglicht die Analyse von Daten in Echtzeit. Außerdem hilft es beim Zusammentragen der Daten in einem System.[4]

Außerdem besteht noch eine zweite Frage: Wie können die Daten gewinnbringend genutzt werden? Um dieser Fragestellung auf den Grund zu gehen, folgt ein kurzer Exkurs in eine andere Sportart, den Baseball. Dort spielen Statistik und Daten mittlerweile eine große Rolle. Dort ist oft von „Moneyball" die Rede. Dieses Prinzip beruht auf den Lehren von Bill James, einem großen Baseballfan und Statistiker. Umgesetzt wurde es sehr erfolgreich vom Team der „Oakland Athletic's" (kurz: „A's") und ihrem Manager Billy Beane. Eigentlich ist das Prinzip relativ einfach, denn es geht darum sich auf statistische Auswertungen zu verlassen und sich so Vorteile gegenüber anderen Teams zu schaffen. Dies half dem Team der A's dabei sich Vorteile auf dem Transfermarkt zu schaffen. Sie konnten so ein Team aus Spielern zusammenstellen, die von allen anderen Teams unterschätzt und übergangen wurden, alles nur mithilfe von Statistik und Daten. Damit schafften die A's es den finanziellen Nachteil gegenüber Schwergewichten, wie z. B. den „New York Yankees" oder den „Bosten Red Sox", auszugleichen. Nun könnte man

---

[1]   FAZ.net (2017): „Sportzitate des Tages"
[2]   SZ.de (2010): „Franz Beckenbauer - Der weise Kaiser"
[3]   Herceg (2017): „Trainer-Abrechnung: Scholl legt nach"
[4]   Vgl. Schmitz 2015a): „Was ist eigentlich SAP HANA?"

denken: Schön und gut sie haben ein Team aus statistisch gleichwertigen Spielern aufgestellt, aber das bringt noch lange keinen Erfolg. Aber dem war nicht so. Die Oakland A's schafften es zwischen 2000 bis 2003 drei Mal in die Play-offs und damit nicht genug. Im Jahr 2002 schafften es die A's die längste Siegesserie der Baseballgeschichte aufzustellen. Sie blieben 20 Spiele am Stück ungeschlagen. Man sieht also im Baseball kann diese Strategie von Erfolg gekrönt sein. Die Thematik hat sogar so viel Aufsehen erregt, dass die Geschichte der Oakland A's verfilmt wurde.[5] „Moneyball" ist der Titel des Films und er ist mit bekannten Schauspielern, wie Brad Pitt und Jonah Hill, besetzt.[6]

Natürlich erfuhren durch diesen Film Sportfans auf der ganzen Welt von der Erfolgsstory der A's und begaben sich auf die Suche nach der Umsetzung dieser Idee in ihrer Sportart. So auch im Fußball und die Suche brachte einen Treffer: Den FC Midtjylland, der wohl aktuell interessanteste Verein im europäischen Fußball. Der Verein ist in der dänischen Stadt Herning beheimatet und wurde 2014 vom englischen Geschäftsmann Matthew Benham übernommen. Benham gehören ein Unternehmen, das aufgrund statistischer Analysen auf Fußballspiele wettet, und der englische Verein FC Brentford. Er verpasste dem FC Midtjylland eine komplett neue Strategie. Diese besteht darin Daten zu nutzen, sowohl im Scouting-Bereich, als auch bei der Vor- und Nachbereitung von Spielen und dem Training. Es wird also versucht die Vorgänge innerhalb des Vereins durch statistische Analysen und mathematischen Methoden zu verbessern. Ein Beispiel dafür ist ein internes Ranking, das alle europäischen Mannschaften miteinander vergleicht und dadurch eine Tabelle erstellt. Dabei werden Wettbewerbe und Spielklassen ausgeklammert und nur die Spielstärke der Mannschaften bewertet. So ist beispielsweise ein Verein, wie der niederländische Erstligist FC Utrecht, unter den ersten fünf in diesem Ranking zu finden. Dieses Ranking hilft auch bei Transferfragen. Beispielsweise verpflichtete der FC Midtjylland in der Saison 2014/15 den Spieler Tim Sparv vom deutschen Zweitligisten Greuther Fürth. Warum gerade dieser Transfer? Die Antwort ist statistisch gesehen ziemlich simpel. Das Ranking zeigte, dass Greuther Fürth von der Spielstärke auf einem Level mit Vereinen aus dem unteren Drittel der englischen Premier League spielte. Weiter wurde mit diesem System herausgefunden, dass Tim Sparv als defensiver Mittelfeldspieler einen

---

5   Vgl. Memmert und Raabe (2017): „Revolution im Profifußball", S. 87-90
6   Vgl. Filmstarts.de (2012): „Die Kunst zu gewinnen - Moneyball"

großen Anteil an dem Platz im Ranking hatte. So wurde der Spieler für nur 300.000 € verpflichtet und schlug sehr erfolgreich ein. Wie schon erwähnt spielen Daten auch bei Trainingseinheiten und Spielen eine große Rolle. So werden oft Standardsituationen, wie Ecken und Freistöße, trainiert. Auch hier die Frage: Warum? Wieder ist die Antwort ziemlich einfach. Aus einem Standard kann mit wenig Aufwand viel Ertrag, also ein Tor, erzielt werden. Auch hier zahlt sich diese Überlegung aus. In der Saison 2014/15 erzielte die Mannschaft mehr als ein Tor pro Spiel nach Standards. Bleibt nun die Frage nach dem Erfolg zu beantworten. Die Antwort: Ja. In der Saison 2014/15 wurde der FC Midtjylland zum ersten Mal in seiner Geschichte dänischer Meister.[7] In der aktuellen Saison 2017/18 steht der Verein auf dem zweiten Platz der Tabelle.[8] Natürlich bleibt die Frage nach dem langfristigen Erfolg, welche sich aber erst im Laufe der Zeit beantworten wird. Es wird sich also noch zeigen, ob dieser Ansatz wirklich revolutionär ist.

Diese Bachelorarbeit beschäftigt sich mit genau diesen Themen: Big Data und einem System zur Analyse dieser Daten. Im Bereich von Big Data beschäftigt sich diese Arbeit mit einer Definition des Begriffs und dem Zusammenhang von Big Data und Fußball. Des Weiteren wird ein kurzer Überblick über Daten, die im Fußball genutzt werden gegeben. Außerdem wird ein Einblick in die Methoden, mit denen die Daten gesammelt werden, gegeben und welche Vorschriften es hinsichtlich des Einsatzes von Geräten zur Datensammlung im Fußball gibt. Dabei dreht es sich um Trackingsysteme, Sensoren, Methoden aus anderen Sportarten und um zukünftige Innovationen. Danach widmet sich diese Arbeit einem System, mit dem die Daten zusammengeführt, analysiert und verwaltet werden können, dem System „Sports One" von SAP. Im ersten Schritt geht es darum, die technischen Grundlagen des Systems kennenzulernen. Dabei handelt es sich um Cloud Computing und In-Memory-Systeme. Danach erfolgt eine Analyse, ob In-Memory-Systeme im Fußball sinnvoll sind. Dabei wird kurz die aktuelle Situation dieser Technik im Fußball beleuchtet. Nach der Analyse widmet sich diese Arbeit dann dem SAP-System „Sports One". Dabei wird kurz auf die Systemgrundlage („SAP HANA") und die historische Entwicklung dieses Systems eingegangen. Im letzten Schritt wird dann kurz auf die einzelnen Anwendungen von „Sports One" eingegangen, die sich von der mobilen Kommunikation und dem Scouting bis zur

---

[7] Vgl. Biermann (2016): „Moneyball im Niemandsland", S. 1-5; Memmert und Raabe (2017), S. 119-123

[8] Vgl. Kicker.de (2018): „ALKA Superliga - Spieltag / Tabelle"

Teamverwaltung erstrecken. Im letzte Kapitel wird dann ein Fazit im Hinblick auf die Zukunft von Analysesystemen im Fußball, Big Data und die Zukunft des Fußballs mit all den technischen Innovationen gezogen.

2 Big Data

2.1 Definition

Grundsätzlich ist die Verarbeitung von großen Datenmengen nichts Neues, denn sie existierte schon lange bevor die breite Öffentlichkeit davon erfahren hat. Durch Open Source-Komponenten (wie z. B. Hadoop oder MapReduce) ist die grundlegende Technologie der IT-Gemeinschaft schon einige Jahre zugänglich.[9]

Die am häufigsten verwendete Definition ist aber die der drei bzw. vier V's (Volume, Velocity, Variety und Veracity).[10] Bei dieser Definition wird allerdings von Einigen die zu Informatik lastige Sichtweise kritisiert. Diese Kritiker sehen dabei die Sichtweise der Nutzer als wichtiger an und definieren diese bspw. über die 3 F's: Fast (schnell), flexibel und focused (fokussieren).[11]

Bei dieser Arbeit steht aber die weiter verbreitete Definition der drei bzw. vier V's im Vordergrund. Diese V's beziehen sich auf die Eigenschaften von Big Data. Im Folgenden werden diese nun einzeln erklärt.

2.1.1 Volume

Die Eigenschaft Volume (deutsch: Volumen) assoziiert man wohl als erstes mit dem Begriff Big Data. Dabei geht es darum, dass es immer mehr erzeugte Daten gibt. Diese entstehen durch die steigende Rechenleistung, welche das **Mooresche Gesetz** erklärt: Es besagt, dass sich innerhalb eines Zeitraums von ca. zwei Jahren die Anzahl der auf einem Chip verbauten Transistoren verdoppelt, d. h. dadurch erhöht sich auch die Geschwindigkeit in der die Daten erzeugt werden. Diese Gesetzmäßigkeit besteht seit 1965, aber sie scheint ihrem Ende entgegen zu gehen, denn die physischen Grenzen der Verkleinerung sind langsam erreicht.[12]

Wichtig ist hier auch die Entwicklung der Speichermedien, denn die Daten müssen irgendwo gespeichert werden. Heute bekommt man USB-Sticks mit einem Speicher von mehreren Gigabyte, was früher noch Aufsehen erregt hätte, wenn

---

9   Vgl. Dorschel (2015): „Praxishandbuch Big Data", S. 3

10   Vgl. u.a. Davenport (2014), S. 2 ff.; Schroeck et al. (2012), S.4 ff.; TechAmerica Foundation (2012), S. 11

11   Vgl. Freytag (2014): „Grundlagen und Visionen großer Forschungsfragen im Bereich Big Data", S. 100

12   Vgl. Dorschel (2015), S. 7 u. Gruber (2016): „Kleiner geht's nicht"

ein Computer diese Speicherkapazität gehabt hätte. Heute sind bei einem Laptop oder Computer mehrere Terrabyte normal.[13]

Im Jahr 2016 lag die jährlich weltweit generierte digitale Datenmenge bei 16,1 Zettabyte und für 2025 sieht die Prognose ein Volumen von 163 Zettabyte voraus. Ein Zettabyte entspricht ca. einer Billion Gigabyte.[14]

2.1.2 Velocity

Bei der zweiten Eigenschaft Velocity (deutsch: Geschwindigkeit) gibt es unterschiedliche Interpretationen. Zum Teil wird damit die Geschwindigkeit, in der neue Daten entstehen, beschrieben[15], Andere verbinden damit die Geschwindigkeit in der die Daten erzeugt und verändert werden.[16] Eine weitere Interpretation ist, dass darunter die Geschwindigkeit, in der die Daten in den Systemen und Computern verarbeitet werden (also die Verarbeitungsgeschwindigkeit), verstanden wird.[17]

Durch die zunehmenden Daten und die Geschwindigkeit (egal in welcher Interpretation) in der diese anfallen, wird der Zeitraum in dem die Daten gewinnbringend genutzt werden können immer kleiner. Das bedeutet, dass schneller auf die Daten reagiert werden muss, am besten sogar in Echtzeit. Dies stellt somit die Anforderungen für Analysesysteme.[18]

2.1.3 Variety

Die dritte Eigenschaft Variety (deutsch: Vielfalt) bezieht sich auf die Vielzahl von möglichen Formaten in denen die Daten auftreten können und die Quellen der Daten. Dabei kann es sich um strukturierte und unstrukturierte Daten handeln, wobei es sich bei Big Data größtenteils um unstrukturierte Daten handelt.[19] Strukturierte Daten sind beispielsweise Kundenstammdaten in einer Tabelle oder

---

[13] Vgl. Freiknecht (2014): „Big Data in der Praxis", S. 10

[14] Vgl. Statista (2017): „Prognose zum weltweit generierten Datenvolumen"

[15] Vgl. Fasel (2014): „Big Data - Eine Einführung", S. 289

[16] Vgl. King (2014): „Big Data - Potential und Barrieren der Nutzung im Unternehmenskontext", S. 35

[17] Vgl. Bendler et al. (2014): „Taming Uncertainty in Big Data", S. 279

[18] Vgl. Klein et al. (2013), S. 320 u. Bendler et al. (2014), S. 279

[19] Vgl. Dorschel (2015), S. 8

in relationalen Datenbanken.[20] Unter unstrukturierten Daten versteht man Daten, die in keine vorher festgelegte Datenbank passen. Beispiele hierfür sind Texte (z. B. auch in sozialen Netzwerken), Audiodateien oder auch Videos.[21] Die Quellen dieser Daten sind ebenso sehr vielfältig. Beispiel dafür sind z. B. Transaktionen, E-Mails und Soziale Medien.[22]

2.1.4 Veracity

Bei einigen Definitionen (z. B. IBM) wird noch ein viertes V ergänzt. Bei dieser Eigenschaft dreht es sich um die Richtigkeit (=Veracity), Qualität und Vertrauenswürdigkeit der Daten. Hierbei sind Big Data Tools nötig, die aus den Daten wichtige Informationen herausfiltern und den Rest nicht beachtet.[23] Ein gutes Beispiel dafür sind Daten aus sozialen Netzwerken, wie z. B. von Usern verfasste Texte. Diese sind oft von persönlichen Empfindungen oder Gefühlen geprägt und müssen in einem zeitlichen und inhaltlichen Zusammenhang gesehen werden.[24] Die Daten können in ihrer Richtigkeit auch verfälscht werden. Dies kann z. B. bei automatisch übersetzten Texten (bspw. mit „Google Übersetzer"), Werbung, Spam oder auch über gezielte Falschinformationen bzw. -aussagen geschehen.[25]

2.2 Big Data im Fußball

Das Thema Big Data ist mittlerweile auch im Fußball angekommen. Der Fußball erzeugt mittlerweile eine riesige Menge an Daten. Diese müssen ausgewertet, analysiert und aufbereitet werden, damit aus den Daten die richtigen Schlüsse gezogen werden können. Damit sollen wiederum Trainer, Spieler und Manager unterstützt werden. Bei den Daten handelt es sich mittlerweile nicht mehr nur noch um die allseits bekannten Begriffe, wie z. B. Zweikampfquote, gelaufene Strecke oder Torschüsse. Nein, die eben genannten Begriffe geben zwar für den Zuschauer einen schönen Einblick ins Spiel, aber viel mit dem Spielausgang haben sie nicht zu tun.[26] Ein Beispiel dazu: WM-Halbfinale 2014, Deutschland gegen Brasilien, Endergebnis 7:1 für Deutschland. Betrachten wir zu diesem Spiel nun die Statistiken, wie

---

20 Vgl. Klein et al. (2013): „Aktuelles Schlagwort: Big Data", S. 320
21 Vgl. Dorschel (2015), S. 8
22 Vgl. Freiknecht (2014), S. 11-12
23 Vgl. Zikopoulos (2013): „Harness the power of big data", S. 14-15
24 Vgl. Dorschel (2015), S. 8
25 Vgl. Freiknecht (2014), S. 13-14

die oben genannten z. B. Torschüsse, Ballbesitz und Passquote (siehe Abb. 1).

	Brasilien	Deutschland
Tore	1	7
Torschüsse	18	14
Passquote	86%	84%
Ballbesitz	47%	53%
Zweikampfquote	48%	52%

Abbildung 1: Statistik WM-Halbfinal 2014. Quelle: Kicker.de (2014), eigene Darstellung

Die Brasilianer haben in diesem Spiel häufiger auf das deutsche Tor geschossen als umgekehrt. Ebenso haben sie eine höhere Quote angekommener Pässe als die Deutschen und der Ballbesitz ist mit 47% Brasilien und 53% Deutschland nahezu ausgeglichen. Trotzdem gewinnt Deutschland dieses Spiel mit 7:1. Daran kann man sehen, dass diese Daten bzw. Statistiken nicht unbedingt die Aussagekräftigsten sind.[27]

Es gilt also herauszufinden, welche Daten wirklich Schlüsse für den Ausgang eines Spiels geben, um sich so einen Vorteil zu erarbeiten.

Einen solchen Ansatz verfolgt Prof. Dr. Daniel Memmert von der Deutschen Sporthochschule in Köln. Er und der Sportinformatiker Prof. Dr. Jürgen Perl haben zusammen das von der DFL (Deutsche Fußball Liga) ausgeschriebene Projekt „Positionsdaten im Profifußball" durchgeführt. Bei diesem Projekt wurden neu entwickelte Key-Performance-Indikatoren (KPI) festgelegt. Diese wurden dann mit Hilfe des Analysetools „Soccer" von Jürgen Perl bei 50 Spielen in der Bundesliga angewendet, analysiert und ausgewertet. Ziel ist es gewesen, dass diese KPI automatisch analysiert werden (mehr zu den Positionsdaten und KPI in Kap. 2.3). Das Analysetool setzt sich aus neuronalen Netzen, herkömmlicher Datenanalyse und dynamischen Zustand-Ereignis-Modellierung zusammen.[28]

---

26 Vgl. Memmert und Raabe (2017), S. 1-2
27 Vgl. Kramer (2017): „Siegen mit Big Data"
28 Vgl. Memmert und Raabe (2017), S. 8-9

Eine weitere Kennzahl ist die Packing-Rate, welche die Anzahl der überspielten Gegner misst (auch hierzu mehr im Kap. 2.3). Diese Kennzahl wurde vom ehemalige Bundesligaprofi Stefan Reinartz und seinem Unternehmen „Impect" entdeckt.[29]

Auch die Quellen der Daten haben sich im Laufe der Jahre verändert. In der Anfangszeit der Spielanalyse im Fußball wurden die Daten noch mit Zettel und Stift erhoben. Über aufgemalte Spielzüge und Passfolgen entwickelten sich mit der Zeit Notationssysteme mit festgelegten Begriffen und Symbolen. Dadurch konnte man Spiele systematischer und verständlicher dokumentieren. Diese Systeme wurden über die Zeit natürlich weiterentwickelt. Das Spielfeld wurde in kleine Felder bzw. Raster aufgeteilt, um den einzelnen Aktionen auch den richtigen Ort zuzuordnen. Diese Art der Aufzeichnung findet auch heute noch in Form von sogenannten „Heat-Maps" statt. Die Methode des Wissenschaftlers A. H. Ali aus Schottland beruhte auch auf einer Notation mit einem Raster. Er zeichnete die Positionen auf seinen Zetteln als X-Y-Koordinaten ein. Wenn man so will, war diese Notation ein erster Vorläufer der oben erwähnten Positionsdaten. Einziges Problem bei diesen Handnotationssystemen war nur, dass sehr viel Zeit benötigt wurde alles zu dokumentieren und dass sie sehr komplex waren und somit ein Einlernen erforderlich war.[30]

Mit den Innovationen der 90er-Jahre wurden zahlreiche technische Hilfen für die Spielanalyse und die Erfassung der Daten geschaffen. So wurde zwar während der Spiele alles noch mit Zettel und Stift festgehalten, danach aber an Computern in Datenbanken eingepflegt. Außerdem wurden auch nach und nach Videos in der Analyse eingesetzt, was anfangs nur mit Hilfe von VHS-Recordern und -Playern möglich war. Durch die Zunahme der Rechenleistung verlagerte sich dies mit der Zeit aber auf den Computer.[31]

Heutzutage finden sich zahlreiche Möglichkeiten Daten zu sammeln. Dies geschieht über Trackingsysteme, verbesserte Kamerasysteme, Sensoren, Chips, usw..[32] Aber ohne eine sinnvolle Analyse und zeitnahe Verarbeitung (am besten in Echtzeit) ist der Mehrwert dieser erfassten Daten nicht gegeben. Dies versucht

---

[29] Vgl. Nowroth 2016b): „Packing - Das steckt hinter der statistischen Analyse der Fußball-EM"
[30] Vgl. Memmert und Raabe (2017), S. 24, 31-32
[31] Vgl. Memmert und Raabe (2017), S. 33-37
[32] Vgl. Schramm et al. (2015): „Der gläserne Profi"

beispielsweise die SAP mit ihrer „Sports One" Lösung zu erreichen. Das System bildet eine Plattform in der alle Daten zusammengetragen werden können. Eine Echtzeitanalyse der Daten wird durch das Grundsystem „SAP HANA" ermöglicht (in Kap. 7 wird näher auf dieses System eingegangen).[33]

2.3 Verschiedene Daten im Fußball

Im Folgenden geht es darum einen Überblick über die verschiedenen Daten im Fußball zu bekommen. Hierbei werden sowohl die „neuen" Daten, als auch die „alten", vielleicht nicht so aussagekräftigen Daten kurz erklärt.

2.3.1 Positionsdaten

Die Positionsdaten beschreiben den Aufenthaltsort eines Spielers während des Spiels oder Trainings. Dabei wird das Spielfeld in ein Koordinatensystem mit X- und Y-Achse verwandelt. Den Spielern kann dann zu jedem Aufenthaltsort ein X- und ein Y-Wert zugeordnet werden (siehe Abb. 2, S. 9). Die Werte können mit Hilfe verschiedener Technologien, wie z. B. spezielle Kamerasysteme oder Sensoren unter oder am Trikot (mehr zu diesen Technologien in Kap. 3), erfasst werden. Diese Werte werden in Echtzeit generiert und können so auch schnellstmöglich genutzt werden. Beispielsweise kann so ein Spielzug, der zu einem Tor oder Gegentor führt, auf Basis der Positionsdaten innerhalb weniger Sekunden in seine Einzelteile zerlegt und ausgewertet werden, sowohl für die eigene Mannschaft als auch für den Gegner. Die Positionsdaten helfen außerdem dabei die Leistungen eines Spielers und der Mannschaft zu bewerten und das auf taktischer, technischer und physischer Ebene. Ziel ist es, dadurch Erkenntnisse für Spiel und Training zu erhalten und sich dadurch einen Vorteil zu erarbeiten. Ein weiteres Ziel ist die Erkennung von Spielmustern im eigenen Spiel und dem des Gegners.[34]

---

[33] Vgl. Lehner und Nier (2015): „Einen Schritt voraus"
[34] Vgl. Memmert und Raabe (2017), S. 4

b

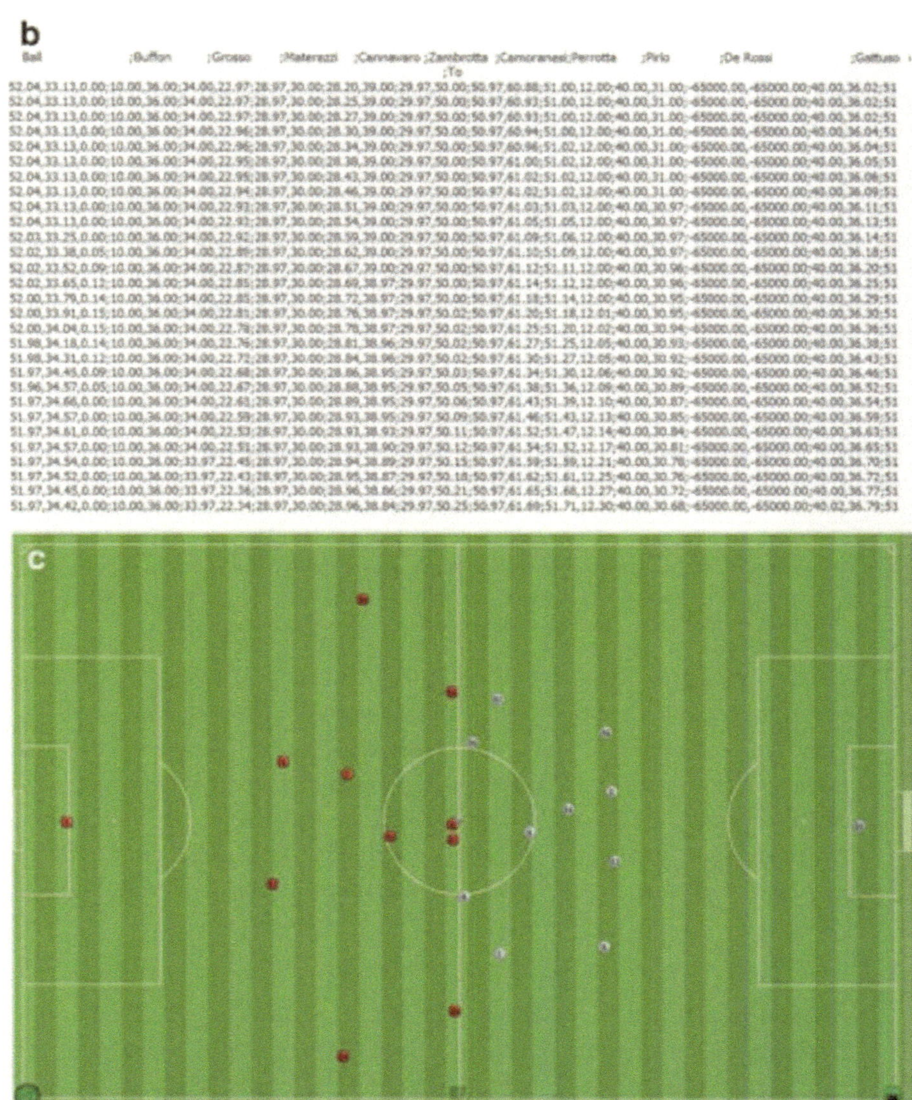

c

Abbildung 2: (b) X- und Y-Werte der Spieler; (c) Darstellung der Werte. Quelle: Memmert and Raabe (2017), S. 5

In dem in Kap. 2.2 schon erwähnten Projekt „Positionsdaten im Profifußball" der Wissenschaftler Memmert und Perl geht es darum aus diesen Positionsdaten neu geschaffene Key-Performance-Indikatoren (KPI) zu berechnen. Diese wurden unter Einbeziehung von neuronalen Netzen (Analysetool „Soccer" von Perl) automatisch berechnet. Dabei wurden 50 Bundesligaspiele der Saison 2014/15 untersucht und 11.160 Leistungswerte, die dann weiter ausgewertet wurden, ermittelt. Bei dieser Analyse wurden nur Positionsdaten berücksichtigt, d. h. selbst Situationen, wie z. B. ein Ballgewinn oder Ähnliches, werden über die Position der Spieler und des Balls ermittelt. Die Rolle der neuronalen Netze beschreiben Memmert und seine Kollegen wie folgt:

> „Der Grundgedanke dabei ist, dass die entwickelten neuronalen Netze es ermöglichen, Spielszenen aus einem Spiel oder aus verschiedenen Spielen miteinander zu vergleichen, um herauszufinden, welche Konstellationen auf dem Platz vorkamen und zu welchen Resultaten sie führten. Voraussetzung ist dafür, dass durch jeden Datensatz in einer Spielsequenz ein Neuron im Netz aktiviert wird. Verbindet man die nacheinander aktivierten Neuronen, dann erhält man eine Trajektorie[35] als Muster der entsprechenden Spielsequenz. Klassen ähnliche[r] Muster von Spielsequenzen sollen nun durch ein neuronales Netz einer höheren Ebene[,] einem gemeinsamen Neuron oder einem Cluster benachbarter Neuronen zugeordnet werden."[36]

So sollen beispielsweise alle Szenen, die einen kurzen Spielaufbau, also ein vom Torwart flach und kurz rausgespielter Abstoß, zeigen, mit dem Neuron oder Neuronen-Cluster „Spielaufbau" versehen werden und darüber erkannt werden. Um zu sehen, ob das System auch wirklich zuverlässig funktioniert, wurde die Erkennung mit Hilfe der neuronalen Netze mit der traditionellen Art der Spielanalyse verglichen. Dabei wurde in einem erst Versuch 2011 festgestellt, dass beide zu fast 90% übereinstimmen. Bis 2016 hat sich dieses Ergebnis auf über 95% erhöht.[37]

Nachfolgen werden kurz die gewonnenen KPI erklärt.

Raumkontrolle: Um diesen Indikator zu beschreiben, bedienen sich die Wissenschaftler der Geometrie, nämlich dem Voronoi Diagramm. Mit diesem kann der

---

³⁵ Trajektorie: Kurve, die sämtliche Kurven einer gegebenen Kurvenschar unter gleichbleibendem Winkel schneidet (Quelle: duden.de)

³⁶ Memmert et al. (2016): „Innovative Leistungsindikatoren im Profifußball auf der Basis von Positionsdaten"; S. 16

³⁷ Vgl. Memmert et al. 2016, S. 15-17

Raum in Zahlen dargestellt werden. Dabei wird jeder der 22 Spieler als der Mittelpunkt einer Fläche angesehen. Diese Fläche beschreibt alle Punkte, die der Spieler vor einem anderen erreichen kann, d. h. die Berührungspunkte zweier Flächen sind die Punkte, die beide gleichzeitig erreichen können. Aus den gesamten Werten eines Spiels

oder einer Halbzeit lassen sich so prozentuale Werte ermitteln, die beschreiben, welche Fläche ein Spieler während des Spiels oder der Halbzeit kontrolliert. Dieser Wert ist vor allem in den gefährlichen Zonen des Gegners (Strafraum und Angriffszone) von großer Bedeutung. Bei dem Projekt von Memmert und Perl wurden zusätzlich noch Pässe einbezogen, also wie sich diese Raumkontrolle bei Ballbesitz und Pässen in die gefährlichen Räume verschiebt und wie Räume in diesen Bereichen gehalten werden können. Dazu als Beispiel die Spielszenen aus Abb. 3 und 4.

Abbildung 3: Spielszene aus dem Spiel Bremen gegen Köln. Quelle: Memmert and Raabe (2017), S. 162

Abbildung 4: Spielszene aus Abb. 3 im Voronoi Diagramm. Quelle: Memmert und Raabe (2017), S. 162; eigene Bearbeitung

Diese Szene ist im Moment des Abspiels des Bremers Makiadi (A7, orange) auf Bartels (A8, lila) angehalten. Bremen hat in dem Moment vor dem Abspiel einen Raumkontrollwert von 31,5% in der Angriffszone und 1,9% im Strafraum. Durch den Pass kommen in Angriffszone und Strafraum noch einmal 6% bzw. 11% dazu. Des Weiteren besteht zwischen den Raumkontrollwerten und der tabellarischen Position in der Abschlusstabelle der Bundesliga ein Zusammenhang. So stehen Mannschaften mit einem hohen Raumkontrollwert in der Angriffszone in der Tabelle oben und Mannschaften mit einem niedrigen Wert unten.[38]

Pressinggeschwindigkeit: Hierbei dreht es sich um die Geschwindigkeit, die eine Mannschaft nach einem Ballverlust braucht, um den Druck auf den ballführenden Gegner zu erhöhen, also den Raum um ihn herum einzuengen. Diese Geschwindigkeit wird als Mittel aller Geschwindigkeiten der ballnahen Spieler zu zwei Zeitpunkten (t_1 und t_2) gemessen. Die Zeitpunkte sind zum einen 3 Sekunden nach dem Ballverlust (t_1) und zum anderen nach einer bestimmten zurückgelegten Strecke des Balls (t_2).[39]

---

[38] Vgl. Memmert und Raabe (2017), S. 158-162; Memmert et al. (2016), S. 19
[39] Vgl. Memmert und Raabe (2017), S. 183; Memmert et al. (2016), S. 19

2.3.2 Packing-Rate

Die Packing-Rate misst die überspielten Gegenspieler. Das Überspielen kann entweder durch Pässe oder Dribblings geschehen. Aufsummiert ergeben die überspielten Gegenspieler die Packing-Rate. Daneben gibt es noch die Kennzahl „Impect", die speziell die überspielten Verteidiger misst, da durch das Überspielen der Verteidiger die Chance ein Tor zu erzielen wesentlich steigt.[40] Diese Kennzahl wurde von der Firma „Impect" erfunden bzw. entdeckt. Diese Firma wurde von dem ehemaligen Bundesligaprofi Stefan Reinartz mitgegründet. Zur Ermittlung der Kennzahl beauftragten sie das Institut für Kognitions- und Sportspielforschung der Deutschen Sporthochschule in Köln. Dieses Institut zählte in 150 Bundesligaspielen die überspielten Gegenspieler. Nach Auswertung der Zahlen fiel auf, dass im Großteil der Spiele die Mannschaft gewann, die eine größere Anzahl an Gegnern überspielt hatte. Auch auf das Scouting von Spielern hat diese Zahl eine Auswirkung. So verpflichtete ein Ex-Verein von Reinartz, Bayer Leverkusen, den Spieler Kevin Kampl auf Grundlage dieser Zahlen.[41]

2.3.3 Einige „alte" Statistiken

Bei den Statistiken, wie Ballaktion, Torschuss und Zweikampf, gibt es meist keine einheitliche Definition, da es oft auch auf den Datensammler der entsprechenden Firma ankommt und wie er eine Situation beurteilt. Diese Datensammler haben wiederum aber einige Vorgaben der Firma. Deshalb habe ich mich bei der Firma „Opta" (ein Unternehmen das Daten für die Bundesliga sammelt) nach Definitionen bzw. Richtlinien erkundigt (siehe Anlage A1).

Ballaktion: Mit dieser Statistik wird die Anzahl der Aktionen von einem Spieler am Ball gemessen. Früher wurde diese Kennzahl als Ballkontakt bezeichnet. Eine Ballaktion ist mindestens eine Ballberührung, d. h. eine Ballaktion beinhaltet, dass man mit dem Ball läuft und ihn dabei berührt, auch mehrere Ballberührungen sind dabei eine Ballaktion. Ballaktionen sind beispielsweise Pässe, Torschüsse, klärende Aktionen, Dribblings, Tacklings und auch unkontrollierte Ballberührungen aber nicht verlorene Luftzweikämpfe.[42] Den Rekord in der Bundesliga hält

---

[40] Vgl. o.V. (2016): Homepage der Firma Impect

[41] Vgl. Nowroth 2016b]

[42] Vgl. Anlage A1

Julian Weigl von Borussia Dortmund mit 214 Ballaktionen im Spiel 2016 gegen den 1. FC Köln.[43]

Torschuss: Bei einem Torschuss gibt der Definitionskatalog von „Opta" keine genauere Definition, wann ein Schuss ein Torschuss ist. Aber es gibt einige „ungeschriebene Regeln". Vor allem ist es wichtig, dass der Spieler mit dem Schuss ein Tor erzielen will. Außerdem wird der Schuss nur als solcher gewertet, wenn er nach vorne geht.[44]

Zweikampf: Bei Zweikämpfen geht es grundsätzlich darum, dass es ein Duell zwischen zwei Spielern ist. Aber es gibt natürlich viele unterschiedliche Arten von Zweikämpfen.

- **Luftzweikämpfe** definieren sich dadurch, dass zwei Spieler zu einem hohen Ball springen und beide so nahe zum Ball sind, dass sie sich darum duellieren. Außerdem muss einer der Spieler den Ball berühren. Gewonnen hat der Spieler, der den Ball am Ende behauptet.[45]

- Eine weitere Art ist der normale Zweikampf, um einem Gegenspieler den Ball abzunehmen, also das **„Tackling"**. Dabei wird zwischen einem gewonnenen und einem verlorenen Tackling unterschieden. Gewonnen ist es, wenn der Spieler, der das Tackling durchführt, danach den Ball hat, wenn die Mannschaft des Spielers den Ball bekommt oder wenn der Ball ins Aus geht. Verloren ist das Tackling, wenn Gegner den Ball zurückbekommt.[45]

- Auch ein **Dribbling** wird als Zweikampf gewertet. Gewonnen ist dieses, wenn ein Spieler seinen Gegner umdribbelt und den Ballbesitz behält. Der Gegner muss dabei nahe genug stehen, um ein Tackling machen zu können. Wenn bei dem Dribbling mehrere Gegner umspielt werden, wird für jeden umdribbelten Gegner ein gewonnener Zweikampf notiert. Verloren ist der Zweikampf hier, wenn dem Spieler der Ball abgenommen wird.[45]

- Ein **Zweikampf mit dem Torwart** ist gegeben, wenn es eine Eins gegen Eins Situation gibt. Der Torwart gewinnt, wenn er dem Gegner den Ball abnimmt.[45]

- Auch **Fouls**, die zu Freistößen führen, werden als Zweikämpfe gewertet.[45]

---

43 Vgl. Laske (2016): „BVB-Spieler Weigl knackt gegen den FC Köln Liga-Rekord"
44 Vgl. Anlage A1
45 Vgl. Anlage A1

3 Datensammlung im Fußball

3.1 Regelungen der FIFA und der DFL

Das oberste Organ der FIFA in Sachen Regeln ist das International Football Association Board (IFAB), das sich aus FIFA- Funktionären und Vertretern der britischen Fußballverbände zusammensetzt. Das IFAB beschließt auf seinen Sitzungen Regeländerungen und überwacht diese. Auf der 129. Sitzung des IFAB 2015 wurde das Sammeln von Daten während eines Spiels mit Hilfe von Mikrochips prinzipiell erlaubt.[46] Die endgültige Entscheidung zum Einsatz solcher Technologien liegt aber bei den jeweiligen Verbänden. Es müssen aber einige grundlegende Bedingungen erfüllt sein:[47]

1. Die Technologie, die die Spieler tragen, darf in keinem Fall die Gesundheit eines Spielers beeinträchtigen. Die Geräte müssen vor dem Spiel von den Schiedsrichtern bzw. einem FIFA-Offiziellen kontrolliert werden und dürfen nur getragen werden, wenn diese sie genehmigen.[47]

2. Die von den Geräten erzeugten Daten dürfen nur intern genutzt werden und nicht für kommerzielle Zwecke an Dritte weitergegeben werden.[47]

3. Auf den Geräten darf kein Zeichen der Marke oder Dritter zu sehen sein.[47]

4. In der technischen Zone (Coachingzone, Auswechselbank) sind keine technischen Geräte erlaubt, ebenso dürfen dort keine Informationen von solchen Geräten genutzt werden.[47]

Die DFL sammelte schon seit der Saison 2011/12 in der Ersten und Zweiten Bundesliga Daten mit Hilfe von Tracking per Video (keine Sensoren oder Ähnliches werden benötigt). Diese Daten wurden zentral von der DFL gesammelt und alle Vereine hatten Zugriff darauf. Der DFB bzw. als Organ der Bundesliga die DFL (Deutsche Fußball Liga) entschied sich dazu, den Einsatz dieser Technologien nicht direkt ab der Saison 2015/16 zu erlauben. Erstmals erlaubt wurden die „Elektronischen Leistungs- und Aufzeichnungssysteme" (ELAS) ab der Saison 2016/17. Diese Entscheidung wurde von den Vereinen getroffen. Wenn ein Verein nun ELAS nutzen möchte, muss er einen Antrag bei der DFL stellen. Dabei muss

---

[46] Vgl. FIFA (2015a): „129th Annual General Meeting of The International Football Association Board", S. 6-8

[47] Vgl. FIFA (2015b): „Brief an die Mitglieder der FIFA"

auch das Gerät, mit dem die Daten gemessen werden, eingereicht werden. Genehmigt die DFL dieses, können sie von den Vereinen nach den Vorschriften der FIFA genutzt werden.[48]

3.2 Trackingsysteme

3.2.1 GPS-Systeme

Sieht man in der heutigen Zeit einen Fußballprofi beim Training mit etwas, was eigentlich nach einem Sport-BH für Frauen aussieht, herumlaufen (siehe Abb. 6), wundert man sich nicht mehr unbedingt, aber anfangs war es doch ein etwas ungewohnter Anblick.

Abbildung 5: GPS-Trackingsystem. Quelle: bvb.de (2017)

Dabei dienen diese Brustgurte einem ganz einfachen Zweck und zwar steckt in ihnen ein kleiner Transponder, der ein Signal sendet, um den Spieler per GPS zu erfassen. Im Endeffekt funktioniert das wie bei einem Smartphone. Vorteil dieses Trackingsystems ist natürlich zum einen, dass es extrem einfach ist. Es braucht

---

[48] Vgl. Memmert und Raabe (2017), S. 78-84

nicht mehr als den Transponder, ein Gerät, das die Daten empfängt und einen Akku für die Stromversorgung. Des Weiteren können durch den Brustgurt und darin verarbeitete Sensoren auch noch andere Werte, wie z. B. die Herzfrequenz, gemessen werden. Auch andere Dinge zur Unterstützung der Genauigkeit, wie Beschleunigungssensoren, Gyroskope und Kompasse, sind in dem Brustgurt verarbeitet. Ein Problem dieser Technik ist aber, dass die Genauigkeit meist, trotz der eingebauten Hilfsmittel, nicht so hoch ist. Das heißt man weiß zwar über die Bewegungsabläufe auf dem Feld Bescheid, aber wo genau sich diese abspielen, sieht man nicht exakt.[49]

3.2.2 Videosysteme

Dieses Trackingsystem ist nicht auf Geräte angewiesen, die der Spieler an sich tragen muss. Es werden dabei aus unterschiedlichen Perspektiven Videos von Kameras gemacht. Mit Unterstützung von modernen Verfahren der Bildverarbeitung kann so jeder Spieler auf dem Feld erkannt werden und so die einzelnen Laufwege erfasst werden. Diese Systeme arbeiten noch semi-automatisch, d. h. Laufwege, Mannschaftszugehörigkeit und der einzelne Spieler als solcher werden zwar erkannt, aber wer nun der einzelne Spieler ist, muss extra zugeordnet werden. Außerdem haben diese Systeme Probleme, wenn sich die Laufwege kreuzen oder, wenn sich eine Spielertraube bildet, da sie dann meistens die Zuordnung verlieren. Dies muss anschließend wieder von Hand neu zugeordnet werden. Auch die Witterung oder die Beleuchtung beeinflussen das System bei der Erkennung der Spieler. Aufgrund dieser Dinge laufen videobasierte Systeme noch nicht automatisch. Experten denken aber, dass zukünftige Entwicklungen dies ändern könnten.[50]

3.2.3 Radar- bzw. mikrowellenbasierte Systeme

Bei dieser Variante tragen die Spieler auch einen Sensor. Hier wird das Signal allerdings nicht von einem Satelliten erfasst, sondern von festinstallierten Geräten im Stadion. Diese Geräte senden ein Signal an die Sensoren der Spieler. Trifft dieses Signal auf einen der Sensoren, wird von diesem eine elektromagnetische Welle an die Geräte im Stadion zurückgesendet. Daraus ermittelt dann ein zentraler

---

[49] Vgl. Memmert und Raabe (2017), S. 63-65
[50] Vgl. Memmert und Raabe (2017), S. 65-66

Server mit Hilfe von Triangulation den Standort der einzelnen Spieler. Diese Daten sind dann in Echtzeit verfügbar und geben mit hoher Genauigkeit den Standort wieder. Ein Nachteil dieser Variante ist allerdings, dass die Installation sehr aufwendig ist, da die Geräte im Stadion möglichst hoch angebracht werden müssen. Dies ist vor allem beispielsweise bei Auswärtsspielen eine aufwendige Angelegenheit. Außerdem müssen die Geräte genaustens kalibriert werden, was einen hohen Aufwand bedeutet.[51]

3.3 Sensoren

Zusätzlich zu den erwähnten Sensoren beim Tracking werden auch anderes Sensoren verwendet, die den Puls und den Blutdruck messen. Diese sind oft schon in den Brustgurten der Trackinggeräte verbaut, sodass keine zusätzlichen Halterungen benötigt werden. Während des Trainings können beispielsweise auch Fitnessarmbänder oder Smartwatches, die den Hautschweiß und den Kalorienverbrauch messen, genutzt werden. Durch diese Geräte wäre zusätzlich die Möglichkeit gegeben, dem Spieler direkt während des Trainings ein Feedback zu seinen Werten zu geben, ohne dass ein Trainer eingreifen muss. Ebenso kann mit Hilfe dieser Armbänder bzw. Smartwatches die Intensität bei Laufübungen gezielt gesteuert werden.[52] Sensoren in der Kleidung der Spieler werden auch im Fußball genutzt. So überwacht z. B. die TSG Hoffenheim ihre Spieler während des Trainings mit Sensoren in den Schienbeinschonern und einem weiteren Sensor im Trikot zwischen den Schultern.[53]

Es gibt sogar mittlerweile einen vom Unternehmen „adidas" entwickelten Ball mit einem Chip im Inneren (miCoach Smart Ball). Der Ball zeichnet alle Bewegungen (auch die Rotation) auf und gibt über eine App mittels Bluetooth ein Feedback. Dies soll dabei helfen z. B. die Schusstechnik zu verbessern. Kostengünstig ist diese Sache aber nicht, ein Ball kostet fast 300€.[54]

---

51 Vgl. Memmert und Raabe (2017), S. 67-68
52 Vgl. Schmidt (2016): „Schlucken Profis bald Sensoren vor dem Spiel?"
53 Vgl. Schramm et al. (2015)
54 Vgl. o.V. (2014): „adidas SMART BALL: innovativer Sensoren-Fußball hilft Schusstechnik zu verbessern"

3.4 Zukunft und Innovationen aus anderen Sportarten

Problematisch für Innovationen bzw. auch die Nutzung erhobener Daten während eines Spiels ist aktuell, dass die FIFA keine technischen Hilfsmittel am Spielfeldrand zulässt (siehe Kap. 3.1). So können beispielsweise technische Innovationen, wie eine Datenbrille, Tablets oder Smartwatches, nicht genutzt werden, um die erhobenen Daten gleich zu nutzen. Durch die Nutzung der Daten am Spielfeld könnten z. B. Spieler nicht mehr nur nach dem Gefühl des Trainers ausgewechselt werden, sondern aufgrund von belegbaren Leistungsdaten.[55]

Wie in Kap. 3.3 schon erwähnt, werden auch Sensoren in der Kleidung der Spieler genutzt. Die Entwicklungen in diesem Bereich gehen dahin, dass die Sensoren nicht mehr in der Kleidung sind, sondern direkt als Folie auf die Haut kommen. Durch diese lassen sich Messwerte, wie Herzschlag und Blutdruck anzeigen. Außerdem können diese Folien auch direkt als Display verwendet werden.[56]

Zukunft dagegen ist noch der Einsatz von Chips, die von den Spielern geschluckt werden oder direkt im Körper implantiert werden. Dabei könnten diese Chips sehr hilfreich sein, sie könnten genaue Informationen über die Erschöpfung eines Spielers geben und somit Verletzungen vorbeugen. Ebenso könnten diese Chips bei der Regeneration von Verletzungen und der Gesundheitsüberwachung eingesetzt werden.[57]

Ebenso ist ein Blick in andere Sportarten sehr interessant, um zu sehen, welche Innovationen dort genutzt werden. Der Motorsport ist wohl am weitesten von allen Sportarten in Sachen Daten. Die einzelnen Autos besitzen zahlreiche Sensoren, die alles was das Auto macht aufzeichnen. So kann der Fahrer bei einem eigenen Fehler nicht mehr alles auf das Auto schieben, sondern bekommt genau gezeigt, wo sein eigener Fehler lag. Dieses Coaching kann dem Fußballer auch blühen, wenn alles von Sensoren überwacht wird.[58]

In der nordamerikanischen Profibasketballliga NBA sind die Spieler komplett mit Sensoren ausgestattet. Diese befinden sich in den Trikots, Schuhen und Bällen und messen so ziemlich alles, vom Puls bis hin zur Schweißmenge. Die Auswer-

---

[55] Vgl. Schramm et al. (2015)
[56] Vgl. Schmidt (2016)
[57] Vgl. Schmidt (2016)
[58] Vgl. Koenen et al. (2014): „Der gläserne Lahm"

tung dieser Daten ermöglicht aber so beispielsweise, dass der Trainer einen Spieler austauschen kann, bevor der Wurfarm des Spielers ermüdet.[59]

Training mit Virtual Reality (VR) bzw. VR-Brillen wird schon von einigen Sportarten genutzt. So trainieren z. B. viele Quarterbacks im American Football mit VR-Brillen. Sie können sich so die Defensiv-Formationen des Gegners genau anschauen, anhalten wann sie wollen und das Verhalten der Gegner analysieren. Ebenso werden die VR-Brillen von Torhütern im Eishockey und Schlagmännern im Baseball genutzt, um Reaktionen und Technik zu trainieren. Auch im Fußball gibt es erste Versuch die VR-Technik zu verwenden. So werden z. B. einzelne Spielzüge dargestellt, durch die man dann das taktische Verhalten trainieren kann. Auch in Sachen Fernsehübertragung können durch die VR-Technik neue Perspektiven geschaffen werden. So könnte der Zuschauer dann künftig mittendrin statt nur dabei sein.[60]

---

[59] Vgl. Koenen et al. (2014)
[60] Vgl. Kempe und Rehbock (2017): „Virtual Reality im Profisport"

4 Cloud Computing

4.1 Definition und Eigenschaften

Für den Begriff Cloud Computing gibt es keine allgemein gültige Definition, auch wenn sich die meisten Definitionen ähnlich sind. Sehr häufig wird die Definition der amerikanischen Standardisierungsstelle NIST (National Institute of Standards and Technology) genutzt. Dabei wird Cloud Computing als ein System beschrieben, dass es jemandem erlaubt von überall und zu jeder Zeit auf verschiedene Ressourcen, wie z. B. Netzwerke, Server, Speicherplatz, Anwendungen, usw., zuzugreifen. Diese Ressourcen können schnell und mit minimalem Aufwand bzw. minimaler Einwirkung des Anbieters zur Verfügung gestellt werden. Dabei sind die folgenden fünf Eigenschaften nach der NIST-Definition charakteristisch für Cloud Computing:[61]

- **On-demand Self Service:** Die Dienste werden auf Anfrage des Nutzers verfügbar gemacht, ohne dass mit dem Anbieter interagiert werden muss.[61]

- **Broad Network Access:** Die Funktionen sind über das Netzwerk abrufbar und nicht an einen bestimmten Client-Typ gebunden.[61]

- **Ressource Pooling:** Die Ressourcen liegen in Pools zusammen, damit mehrere Mandaten bedient werden können und die Ressourcen an den Bedarf der Mandanten angepasst werden können (Multi-Tenancy-Modell). Der Konsument weiß dabei nicht, an welchem Ort sich die Ressourcen befinden. Der Ort kann aber vertraglich grob eingegrenzt werden (auf Land, Region oder Rechenzentrum).[61]

- **Rapid Elasticity:** Die Ressourcen können schnell und flexibel (teilweise automatisch) bereitgestellt werden. Dem Nutzer erscheinen die Ressourcen so fast unendlich.[61]

- **Measured Service:** Die Ressourcennutzung wird durch Service-abhängige Messprozesse automatisch kontrolliert und optimiert (meist durch „pay-per-use"). Durch die Überwachung, Kontrolle und Optimierung soll Transparenz für Anbieter und Konsument gewährleistet werden.[61]

Zusätzlich definiert das NIST noch drei Servicemodelle (Software as a Service, Platform as a Service, Infrastructure as a Service) und vier Bereitstellungsmodelle bzw. Cloud Typen (Private Cloud, Community Cloud, Public Cloud, Hybrid Cloud).[61]

Eine andere Definition ist die des Bundesamts für Sicherheit in der Informationstechnik (BIS). Sie orientiert sich grundsätzlich an der des NIST:

> "Cloud Computing bezeichnet das dynamisch an den Bedarf angepasste Anbieten, Nutzen und Abrechnen von IT-Dienstleistungen über ein Netz. Angebot und Nutzung dieser Dienstleistungen erfolgen dabei ausschließlich über definierte technische Schnittstellen und Protokolle. Die Spannbreite der im Rahmen von Cloud Computing angebotenen Dienstleistungen umfasst das komplette Spektrum der Informationstechnik und beinhaltet unter anderem Infrastruktur (z. B. Rechenleistung, Speicherplatz), Plattformen und Software."[62]

4.2 Cloud-Servicemodelle

Die Cloud-Servicemodelle lassen sich in drei Ebenen aufteilen: Infrastructure as a Service, Platform as a Service und Software as a Service.[63]

Infrastructure as a Service (IaaS): Hier werden Services zur Verfügung gestellt, mit denen eine Infrastruktur aufgebaut werden kann. Es wird also vom Anbieter eine Leistung wie Rechen-, Speicher- oder Netzkapazität erbracht, die vom Kunden erworben werden kann. Dabei kann der Kunde selbst entscheiden welche Anwendungen und Betriebssysteme er nutzt. Dropbox als Speicher-Cloud oder Amazon Web Services sind beispielsweise solche Services. [64]

Platform as a Service (PaaS): Bei PaaS wird sowohl die Infrastruktur, als auch das Betriebssystem und die Hardware vom Anbieter zur Verfügung gestellt. Es können aber eigene Anwendungen auf der Plattform laufen, auch wenn es im Normalfall Angebote des Anbieters gibt. Beispiele sind hier Azure von Microsoft und App Engine von Google.[64]

Software as a Service (SaaS): Der Service besteht hierbei in einer kompletten Anwendung in einer Cloud-Infrastruktur. Diese Anwendung bezieht der Kunde als

---

[61] Vgl. Mell und Grance (2011): „The NIST Definition of Cloud Computing", S. 2-3

[62] Bundesamt für Sicherheit in der Informationstechnik (o. J.): „Cloud Computing Grundlagen"

[63] Vgl. u. a. Barton (2014): „E-Business mit Cloud Computing", S. 44-45; Bundesamt für Sicherheit in der Informationstechnik (o. J.); Mell und Grance (2011), S. 2-3; Weiner et al. (2010), S. 22

Dienstleistung von einem Anbieter für einen bestimmten Zeitraum. Office 365 von Microsoft und SAP Business ByDesign sind Beispiel für diesen Service. [64]

4.3 Cloud Typen

Bei der Definition des NIST gibt es 4 unterschiedliche Cloud Typen, die aber noch ergänzt werden können. Die einzelnen Cloud Typen unterscheiden sich hinsichtlich der Eigentumsverhältnisse und der Betriebsart. Die einzelnen Servicemodelle lassen sich auf alle Typen anwenden. Im Folgenden werden einige der Cloud Typen kurz erläutert.[65]

Private Cloud: Dieser Typ wird von einem Unternehmen selbst oder einem Dritten betrieben, d. h. nur Mitarbeiter des Unternehmens haben Zugriff auf diese Cloud. Das Rechenzentrum kann dabei im Unternehmen selbst stehen oder bei einer Institution.[66]

Public Cloud: Bei diesem Typ gehören die Cloud und ihre Leistungen einem Dienstleister. Außerdem können die Leistungen von der breiten Masse oder einer größeren Gruppe genutzt werden. Beispiele dafür sind SAP Business ByDesign, Office 365 oder Google Apps for Business.[67]

Community Cloud: Hierbei teilen sich eine Gruppe Unternehmen, die ähnliche Interessen z. B. hinsichtlich eines gemeinsamen Projekts besitzen, die Cloud. Dieser Typ ist eher ein Spezialfall.[68]

Hybrid Cloud: Hier werden die oben genannten Cloud-Typen miteinander vermischt und mit anderen Rechenzentren verbunden. Welche Cloud Typen dabei gemischt werden, kommt auf das Unternehmen an. So können z. B. sensible Daten in einer Private Cloud gehalten werden und weniger sensible Daten in einer Public Cloud.[69]

Virtual Private Cloud: Grundlage dieses Typs ist eine Public Cloud, die aber in einzelnen Teilen, so z. B. bei der Sicherheit, auf die Belange eines Unternehmens

---

64 Vgl. Barton (2014), S. 44-45; Bundesamt für Sicherheit in der Informationstechnik (o. J.)
65 Vgl. Barton (2014), S. 45; Mell und Grance (2011), S. 2-3
66 Vgl. Bundesamt für Sicherheit in der Informationstechnik (o. J.)
67 Vgl. Barton (2014), S. 45; Bundesamt für Sicherheit in der Informationstechnik (o. J.)
68 Vgl. Fraunhofer Institut (o. J.): „Public, Private und Hybrid Cloud?"
69 Vgl. Fehling und Leymann (o. J.): „Cloud Computing"

angepasst wird. Charakteristisch ist das Kommunizieren mit der Cloud über VPN (Virtual Private Network).[70]

4.4 Abgrenzung zu anderen Technologien

4.4.1 Applikations-Hosting

Hier wird den Nutzern eine einzelne Anwendung über ein öffentliches Netzwerk (z. B. Internet) oder eine private, direkte Verbindung zum Anbieter zur Verfügung gestellt. Dabei erfolgt auch die Administration der Anwendung und des Systems von den Nutzern selbst und nicht durch Dritte. Ebenso müssen anfallende Probleme selbst gelöst werden. Der nächste Schritt ist hier der zum Application Service Providing (ASP).[71]

4.4.2 Application Service Providing (ASP)

Beim Application Service Providing (deutsch: Anwendungsdienstleister) handelt es sich um eine spezielle Form des Outsourcings. Wenn man Outsourcing mit der Einzelfertigung vergleicht, dann ist ASP die Serienfertigung. Beim ASP werden die Anwendungen bzw. Software nicht speziell bzw. nur wenig auf die Kundenwünsche zugeschnitten. Meist werden die Anwendungen nur auf spezielle Branchen oder Zielgruppen angepasst. Ein ASP-Anbieter implementiert die Anwendungen für mehrere Nutzer und verwaltet sie. Dabei werden die Anwendungen über öffentliche (z. B. Internet) oder private Netzwerke bereitgestellt und auf Abo-Basis abgerechnet. Organisatorisch tritt der ASP-Anbieter als Intermediär zwischen den Software- bzw. Anwendungsanbietern und den Kunden bzw. Nutzern auf und ebenso tritt er als Systemadministrator in Erscheinung.[72] ASP lässt sich durch vier Merkmale charakterisieren. Ein Merkmal ist, dass die Anwendung bzw. Software, die vom Anbieter zur Verfügung gestellt wird, die Basis bildet. Ein weiteres Merkmal lässt sich aus der Gebühr, die man für die Nutzung zahlt, ableiten. Des Weiteren ist das Prinzip der Mehrfachnutzung ohne Veränderung (vorhin als Serienfertigung beschrieben) zu nennen, also, dass mehrere Kunden dieselbe Software nutzen. Das letzte Merkmal ist, dass das ganze Angebot von einem Anbieter zur Verfügung gestellt wird. Darin inbegriffen sind auch Teilleistungen, die der

---

[70] Vgl. Barton (2014), S. 46

[71] Vgl. Metzger et al. (2011): „Cloud computing", S. 23

[72] Vgl. Knolmayer (2000): „Application Service Providing (ASP)", S. 443-444

Anbieter von Dritten bezieht. Der Unterschied zum Cloud Computing liegt hier in der Mehrfachnutzung ohne Veränderung, da im Cloud Computing alles auf die Bedürfnisse des Kunden angepasst werden kann.[73]

4.4.3 Grid Computing

Bei Grid Computing werden Ressourcen (Rechenleistung, Software, Daten, usw.) mehrerer sogennanter „virtueller Organisationen" untereinander geteilt, mit dem Ziel Probleme kooperativ zu lösen. Mit einer „virtuellen Organisation" ist ein Zusammenschluss verschiedener unabhängiger Unternehmen, Personen, realer und virtueller Einrichtungen gemeint. Dabei sind die einzelnen Beziehungen, wie Rollen und Zugangsrechte, dynamisch definiert. Solche Organisationen bleiben aber nur zeitweilig bestehen und/oder sind veränderlich. Ein Grid bezeichnet ein Zusammenschluss mehrerer solcher „virtueller Organisationen". Organisationen innerhalb eines solchen Grids können Ressourcen zur Verfügung stellen und über den Gebrauch von Ressourcen, die von anderen Organisationen des Grids bereitgestellt wurden, verhandeln. Die Bedingungen, also z. B. die Kosten, zu denen eine „virtuelle Organisation" diese Ressourcen zur Verfügung stellt, werden von den Partnern der einzelnen „virtuellen Organisationen" festgelegt. Die Nutzung der Ressourcen kann unterschiedlich erfolgen (für Einzel- oder Mehrbenutzer, kostensparend oder performancesichernd).[74] Es bestehen einige Unterschiede zum Cloud Computing:

- Bereitstellung und Nutzung der Ressourcen
  - Cloud Computing: Zentral, von einem Anbieter
  - Grid Computing: Dezentral, mehrere Quellen[75]
- Nutzer
  - Cloud Computing: Große Anzahl an Privat- und Geschäftskunden
  - Grid Computing: wenige Einzelkunden (z. B. Forschungseinrichtungen)[76]
- Etablierung von Geschäftsmodellen[77]

---

[73] Vgl. Mäder (2007): „Application Service Providing - Chancen und Risiken", S. 182
[74] Vgl. Bry et al. (2004): „Grid-Computing", S. 542-543
[75] Vgl. Marinos und Briscoe (2009): „Community Cloud Computing"
[76] Vgl. Repschläger et al. (2010): „Cloud Computing", S. 7

5 In-Memory-Systeme

5.1 Definition und Funktionsweise

Die Definition für In-Memory-Systeme ist weitaus einfacher zu erklären, als die Definition für Big Data und Cloud Computing, denn hier gibt es eine relativ eindeutige Definition. Grundsätzlich geht es bei In-Memory-Systemen darum, dass große Datenmengen im Arbeits- bzw. Hauptspeicher (RAM/DRAM) gespeichert werden. Dies steht im Kontrast zu klassischen Datenbanken, die ihre Daten auf Festplatten speichern. Die Haltung bzw. Speicherung der Daten im Hauptspeicher ermöglicht einen schnelleren Zugriff und damit auch eine schnellere Verarbeitung (nahezu in Echtzeit). Wichtig für die Entwicklung und damit die höhere Nutzung der In-Memory-Systeme sind zwei Dinge. Dies liegt zum einen an den nachlassenden Preisen für Arbeitsspeicher (RAM) und zum anderen an den mit Big Data einhergehenden großen Datenmengen. Wichtig für Unternehmen in der heutigen Zeit ist es Entscheidungen möglichst schnell zu treffen. Dabei helfen In-Memory-Systeme durch die Speicherung und Verarbeitung der Daten im Hauptspeicher, denn dieser ist die schnellste Speichermöglichkeit. Im Hauptspeicher können größere Datenmengen vorgehalten werden und der Zugriff auf diese erfolgt 100.000 Mal schneller, als bei der Speicherung auf Sekundärspeichern, wie z. B. Festplatten. Außerdem helfen die Komprimierung sowie die Strukturierung der Daten dabei den Hauptspeicher bestmöglich zu nutzen. Mit der Strukturierung der Daten ist hierbei die spaltenbasierte Speicherung der Daten gemeint (mehr zu Datenstruktur und -komprimierung in Kap. 5.2).[78]

Um die Analysen in Echtzeit durchzuführen, wird auch Hardware benötigt. Dazu werden grundsätzlich drei Komponenten benötigt. Dabei handelt es sich um einen Prozessor (CPU), der die Berechnungen durchführt, einen Speicher und ein Übertragungssystem für Daten zwischen Prozessor und Speicher. Wie schon erwähnt, ist der Speicher bei In-Memory-Systemen der Hauptspeicher, da er große Speichermöglichkeiten und einen schnellen Zugriff liefert.[79] Im Bereich der Pro-

---

[77] Vgl. Vaquero et al. (2009): „A Break in the Clouds: Towards a Cloud Definition"; Weinhardt et al. (2009): „Cloud-Computing"

[78] Vgl. Mertens et al. (2017): „Grundzüge der Wirtschaftsinformatik", S. 46-47; Silvia et al. (2017): „SAP HANA - Die neue Einführung", S. 21-23, Plattner und Zeier (2012): „In-memory data management"

[79] Vgl. Silvia et al. (2017), S. 21-22

zessoren profitieren In-Memory-Systeme von den technischen Entwicklungen und dem Mooreschen Gesetz. So kann heute auf Multi-Core Prozessoren, also Prozessoren mit mehreren Kernen, zurückgegriffen werden. Dies hat zur Folge, dass die Geschwindigkeit mit der die Daten analysiert werden deutlich zugenommen hat. Bei dem System zur Datenübertragung wurde früher der „Front Side Bus" (FSB) genutzt. Der Nachfolger des FSB wurde von Intel entwickelt und nennt sich „Quick Path Intercom" (QPI). QPI hat mehrere Schnittstellen für die CPU, das für Multi-Core Prozessoren gewährleistet sein muss (siehe Abb. 6). Architekturen wie QPI werden als „Non-Uniform Memory Access" (NUMA) bezeichnet.[80]

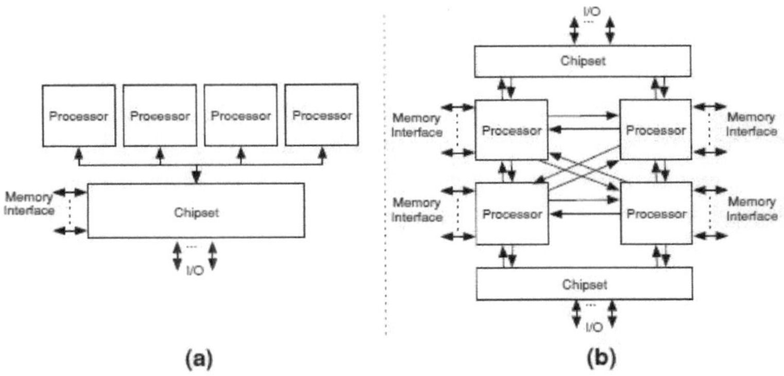

Abbildung 6: (a) Geteilter FSB, (b) QPI. Quelle: Plattner und Zeier (2012), S. 14

5.2 Vorteile

5.2.1 Hauptspeicher

Die Speicherung und Haltung der Daten im Hauptspeicher ermöglicht eine sehr schnelle Verarbeitungs- und Zugriffszeit. Daraus ergibt sich eine große Zeitersparnis gegenüber der Speicherung auf beispielsweise einer Festplatte. So benötigt der Hauptspeicher für den Datenzugriff nur bis zu 100 ns. Dies ist 100.000 Mal schneller, als der Zugriff auf beispielsweise eine Festplatte (siehe Tab. 1).

---

[80] Vgl. Plattner und Zeier (2012), S. 11-15

Speichermedium	Zugriffszeit
Hauptspeicher (RAM)	Wenige ns bis ca. 100 ns
Festplatten	8 ms bis 10 ms
Solid-State-Drive (SSD)	0,1 ms bis 0,2 ms
Dynamisches RAM (DRAM)	40 ns bis 60 ns
Statisches RAM (SRAM)	5 ns bis 10 ns
CD	80 ms bis 400 ms

Tabelle 1: Tab. 1: Zugriffszeiten verschiedener Arten von Speichern. Quelle: o. V. (2017): „Zugriffszeit"; eigene Darstellung

Außerdem sind zwei weitere Punkte für die größere Nutzung zu nennen: Der Rückgang der Kosten für Speicherkapazität und die steigende CPU-Leistung. Betrachtet man die Entwicklung der Kosten pro Megabyte (MB) für Speicherkapazität, so lag der Preis für ein MB Festplattenspeicher im Jahr 2000 bei ca. 0,01 US-\$, im Jahr 2010 lag der Preis aber nur noch bei ca. 0,0001 US-\$ / MB. Eine ähnliche Entwicklung gibt es beim Hauptspeicher. Noch im Jahr 2000 lag der Preis für ein MB Hautspeicher bei ca. 10 US-\$, im Jahr 2010 lag der Preis dann bei nur noch ca. 0,01 US-\$ / MB (siehe Abb. 7).

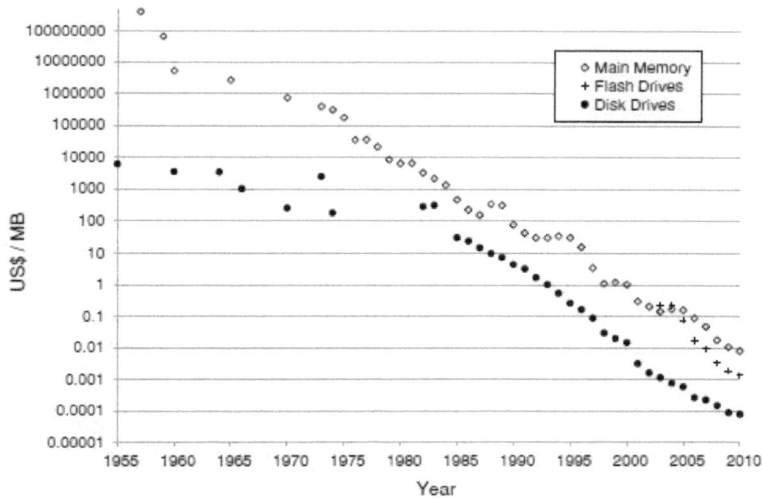

Abbildung 7: Entwicklung der Kosten von Speicherkapazität. Quelle: Plattner und Zeier (2012), S. 10

So kann ein moderner Server zwei Terrabyte an Hauptspeicher besitzen, was die Haltung einer kompletten Datenbank im Hauptspeicher ermöglicht. Aber ohne genügend CPU-Leistung, wäre die Speicherung bzw. Vorhaltung der Daten im Hauptspeicher unsinnig. Dies ist aber durch die Entwicklungen im Bereich der Prozessoren möglich. Mittlerweile gibt es Multi-Core-Prozessoren (in Kap. 5.1 kurz beschrieben) mit bis zu 64 Kernen (Stand 2012) und in Zukunft wird sich die Anzahl noch weiter erhöhen. Dadurch wird die Geschwindigkeit, in der die Daten verarbeitet werden, noch weiter erhöht. Alle diese Sachverhalte ermöglichen In-Memory-Systemen die Analyse von Daten in Echtzeit.[81]

5.2.2 Datenstruktur

Nachname	Vorname	Überspielte Gegner	Passquote (in %)
Hummels	Mats	562	85 %
Müller	Thomas	318	79 %
Schweinsteiger	Bastian	425	89 %

Zeilenbasiert Speicherung	
Zeile 1	Hummels
	Mats
	562
	85
Zeile 2	Müller
	...
...	...

Spaltenbasierte Speicherung	
Nachname	Hummels
	Müller
	Schweinsteiger
Vorname	Mats
	Thomas
	Bastian
...	...

Tabelle 2: Beispiel mit fiktiven Werten. (Eigene Darstellung)Die Daten innerhalb eines In-Memory-Systems werden im Normalfall in einer spaltenbasierten Datenbank gehalten. Bei diesem Typ werden alle Werte innerhalb einer Spalte nacheinander gespeichert (siehe Tab. 2). Dies ist auch der Unterschied gegenüber einer zeilenbasierten Datenbank, bei der die einzelnen Zeilen abgespeichert werden (siehe Tab. 2). Die spaltenbasierte Speicherung hat den Vorteil, dass der Zugriff durch die nacheinander erfolgende Speicherung der einzelnen Werte einer Spalte deutlich schneller erfolgen kann. Außerdem kann der Hauptspeicher besser genutzt werden, da bei einer Abfrage nicht die komplette Tabelle im Hauptspeicher

---

[81] Vgl. Plattner und Zeier (2012), S. 7, 9-11; SAP AG (2012): „SAP HANA™ Database - Development Guide", S. 10

gehalten werden muss, sondern nur die entsprechende(n) Spalte(n) nötig sind. Natürlich ist weiterhin die Abfrage aller Werte des Datensatzes möglich. Dies wird durch die Zuteilung bestimmter Zeilennummern möglich.[82]

5.2.3 Datenkompression

Durch die Komprimierung der Daten ist es möglich Kosten einzusparen und den Hauptspeicher optimal zu nutzen. Bei der Datenkompression hilft die spaltenbasierte Speicherung, da hierbei alle Werte einer Spalte dasselbe Format bzw. denselben Typ haben. Hierbei gibt es verschiedene Kompressionsverfahren:

- **Run-length Encoding:** Aufeinanderfolgende Werte einer Spalte werden gezählt und in einer zweispaltigen Liste (eine Spalte mit dem Wert, die Andere mit der Anzahl, wie oft der Wert vorkommt) zusammengefasst[83]

- **Cluster Encoding:** Die gleiche Abfolge von Werten wird in der Spalte gesucht, daraus wird eine zweispaltige Liste mit der Abfolge der Werte in der einen und der Zeilennummer, in der diese vorkommen, in der anderen Spalte gebildet (wird häufig bei der Komprimierung von Texten verwendet)[83]

- **Dictionary Encoding:** Jedem Wert in der Spalte wird ein Index zugeordnet (z. B. Deutschland = 1, England = 2, usw.), damit wird eine Tabelle („Dictionary") mit der Zuordnung der Indizes zu den einzelnen Werten erstellt (wird häufig bei z. B. Telefonvorwahlen von Ländern oder Kundennummern verwendet)[83]

5.3 Herausforderung

Die größte Herausforderung von In-Memory-Systemen besteht darin, dass die Daten im Hauptspeicher gehalten werden und dieser nur ein flüchtiger Speicher ist. Sollte nun die Stromversorgung unterbrochen werden, besteht das Problem, dass die Daten im Hauptspeicher verloren gehen.

Die Möglichkeiten von unterbrechungsfreier Stromversorgung (USV) oder von batteriegestütztem Speicher ist zwar möglich, aber hat auch seine Probleme. Bei der USV besteht die Möglichkeit, dass dem Ersatzsystem der Treibstoff ausgeht

---

[82] Vgl. Mertens et al. (2017), S. 47; Plattner und Zeier (2012)
[83] Vgl. Plattner und Zeier (2012); SAP AG (2012), S. 13

oder dass das System überhitzt. Bei batteriegestütztem Speicher kann es passieren, dass die Batterien auslaufen oder die Ladung der Batterie verloren geht. Beide Modelle reduzieren zwar die Wahrscheinlichkeit eines kompletten Ausfalls des Systems, sind aber nicht gegen Fehler beim Betrieb oder in der Hardware des Systems abgesichert.[84] Deshalb muss, wenn eines der beiden Modelle genutzt wird und auch wenn nicht eines der Beiden genutzt wird, eine Absicherung der Daten erfolgen.

SAP HANA beispielsweise ist AKID-konform (AKID: Atomarität, Konsistenz, Isolation, Dauerhaftigkeit) und ermöglicht so eine Wiederherstellung der Datenbank bei einem Strom- bzw. Systemausfall.

- Atomarität: Funktioniert ein Teil einer Transaktion nicht, dann wird die ganze Transaktion nicht gespeichert und die Datenbank wird nicht geändert

- Konsistenz: Nur Transaktionen, die den Regeln entsprechen werden gespeichert, d. h. nur gültige Daten werden gespeichert

- Isolation: Eine Transaktion wird allein ausgeführt, damit keine Störungen auftreten

- Dauerhaftigkeit: Eine gültige Transaktion wird in der Datenbank gespeichert und das dauerhaft

Bei den ersten drei Anforderungen besteht kein Problem für In-Memory-Systeme, jedoch stellt die Dauerhaftigkeit durch die Speicherung im Hauptspeicher ein Hindernis dar. Deshalb müssen die Daten zusätzlich auf einem Speicher (z. B. einer Festplatte) gesichert werden. Zum Speichern wird der Hauptspeicher in Seiten aufgeteilt. Wird nun eine Transaktion durchgeführt, bei der Daten geändert werden, markiert das System die Seite auf der die Änderung stattfindet. Die markierten Seiten werden dann innerhalb eines bestimmten Intervalls in den dauerhaften Speicher übertragen. Diese Seiten werden dann an sogenannten „Savepoints" gespeichert. Dies passiert in gleichmäßigen Intervallen (z. B. bei SAP HANA alle 5 Minuten). Außerdem werden alle Transaktionen und Änderungen im Datenbankprotokoll aufgezeichnet und ebenfalls in den nichtflüchtigen Speicher übertragen. Eine Transaktion wird aber erst ausgeführt, sobald sie mit einem Ein-

---

[84] Vgl. Garcia-Molina und Salem (1992): „Main memory database systems", S. 510
[77] Siehe S. 29

trag im Datenbankprotokoll vermerkt ist und auf den nichtflüchtigen Speicher geschrieben wurde. Die Speicherprozesse der Savepoints und der Datenbankprotokolle laufen nicht gleichzeitig ab, damit die Dauerhaftigkeit gewährleistet wird. Stürzt nun das System durch z. B. einen Stromausfall oder einen Hardwarefehler ab, werden die Savepoints vom nichtflüchtigen Speicher geladen und wiederhergestellt. Falls sich der Systemausfall zwischen zwei Savepoints ereignet, können über die Datenbankprotokolle auch diese Änderungen wiederhergestellt werden. Damit ist die Datenbank wieder auf dem Stand vor dem Systemausfall. Die Wiederherstellung der Datenbank wird bei SAP HANA als „Disaster Recovery" bezeichnet.[85]

---

[85] Vgl. Silvia et al. (2017), S. 25-26

6 Analyse von In-Memory Systemen im Fußball

6.1 Aktuelle Situation

In-Memory-Systeme sind auch im Fußball angekommen. Vor allem gilt das für das SAP-System HANA, welches von Vereinen und Verbänden zur Analyse von Daten genutzt wird. Der Prototyp dieses Systems wurde für die deutsche Fußballnationalmannschaft erstellt und kam bei der Weltmeisterschaft 2014 in Brasilien zum Einsatz. Damals hatte das System noch den Namen „Match Insights" und hatte laut Bundestrainer Joachim Löw und Manager Oliver Bierhoff auch einen Anteil am Titelgewinn. Im Sommer 2015 brachte SAP dann den Nachfolger des Prototyps auf den Markt. Der Name des Produkts: „SAP Sports One".[86] Im August 2018 hat der DFB den Vertrag mit der SAP um drei weitere Jahre verlängert. Mittlerweile nutzen auch viele Vereine in Deutschland (z. B. Bayern München, 1899 Hoffenheim) und international (z. B. Manchester City) das System von SAP.[87]

6.2 Vorgehensweise

Bei der Analyse geht es darum herauszufinden, ob die Nutzung von In-Memory-Systemen im Fußball sinnvoll ist. Die Wissenschaftler Gunther Piller und Jürgen Hagedorn haben in ihren Studien einige Kriterien für die Bewertung von Potentialen in verschiedenen Einsatzgebieten ausgewählt. Diese Arbeit orientiert sich an diesen Kriterien, um den Einsatz von In-Memory-Systemen zu bewerten. Zusätzlich werden noch weitere Kriterien aus der Arbeit von Stepan Ulbricht betrachtet.[88]

- Änderungsdynamik der Daten

  Häufigkeit und Unvorhersehbarkeit der Änderungen[89]

- Schwankungsbreite der Kenngröße

---

[86] Vgl. Schmitz (2015b): „Was ist eigentlich SAP Sports One?"

[87] Vgl. DFB (2017): „DFB und SAP verlängern Partnerschaft"; Wittershagen (2017): „Auf dem Weg zum Daten-Spiel"

[88] Vgl. Piller und Hagedorn (2011): „Einsatzpotenziale für In-Memory Data Management in betrieblichen Anwendungssystemen", S. 20; Ulbricht (2014): „Analyse und Systematisierung von Einsatzszenarien In-Memory-basierter Datenbanksysteme", S. 75

[89] Siehe S. 31

Wie stark schwanken die Daten und besteht ein Einfluss der Schwankungen auf den Erfolg?[89]

- Anzahl der Auswertungsoptionen

  Wie viele Möglichkeiten bzw. Daten sollen gegenübergestellt werden?[81]

- Dringlichkeit der Analyseergebnisse

  Wie schnell wird die Analyse benötigt?[89]

- Aktualität der Daten

  Ist es wichtig aktuelle Daten zu nutzen?[90]

- Komplexität der Auswertungen

  Welcher Aufwand muss für eine Analyse aufgebracht werden?[89]

- Datenmenge

  In welchem Volumen treten die Daten auf?[89]

- Rechtliche Situation

  Gibt es Restriktionen bzw. Vorschriften?[90]

- Technische Umsetzbarkeit

  Ist die Nutzung technisch umsetzbar?[90]

- Wirtschaftlicher Mehrwert

  Entsteht ein wirtschaftlicher Mehrwert?[90]

Mit Hilfe dieser Kriterien und dem Wissen aus den vorhergegangen Kapiteln sollte nun eine Analyse über den Einsatz von In-Memory-Systemen im Fußball möglich sein.

6.3 Analyse

Änderungsdynamik der Daten

Die Daten können sich im Fußball innerhalb von wenigen Augenblicken ändern. Ist in der einen Situation Mannschaft A noch der Angreifer und Mannschaft B der Verteidiger, so können sich die Rollen bei einem Ballverlust, Fehlpass oder Ähnlichem sofort tauschen. Mit Blick auf die Änderungsdynamik ist die Aufzeichnung der Positionsdaten ein sehr gutes Beispiel. Die Positionsdaten ändern sich mit

---

[89] Vgl. Piller und Hagedorn (2011), S. 20
[90] Vgl. Ulbricht (2014), S. 75

jeder Bewegung eines Spielers auf dem Spielfeld. Gleiches gilt für die Laufleistung oder die Geschwindigkeit der Spieler. So werden beispielsweise beim Kameratracking der Bundesliga die Bewegungen eines Spielers mit 25 Bildern pro Sekunde aufgezeichnet.[91]

Wie wir also anhand dieser Beispiele sehen, ändern sich die Daten oft (meist innerhalb weniger Augenblicke) und vor allem sind die Änderungen nicht vorherzusehen.

Schwankungsbreite der Kenngröße

Für die Schwankungsbreite der Daten gilt ähnliches, wie bei der Änderungsdynamik. Fußball ist ein dynamisches Spiel und Leistungen sowohl von Spielern und Mannschaften sind im Verlauf einer Saison sehr schwankungsanfällig. Selbes gilt auch für die Daten, die sich aus den Leistungen der Spieler ergeben. Betrachtet man beispielsweise die Laufleistung von Spielern in mehreren Spielen, so wird diese von Spiel zu Spiel variieren. Gleiches gilt auch für z. B. Ballbesitzwerte oder Torschüsse einer Mannschaft oder Ballaktionen eines Spielers.

Anzahl der Auswertungsoptionen

Im Fußball gibt es viele verschiedene Daten, die miteinander verglichen werden können. So können beispielsweise die Laufleistungen, Zweikampfquoten, Ballbesitzwerte, usw. der sich in einem Spiel gegenüberstehenden Mannschaften miteinander verglichen werden. Ebenso beobachten Spielanalysten, Scouts und Trainer die anderen Mannschaften in der eigenen Liga bzw. auch im Pokal und im internationalen Wettbewerben. Die gewonnen Werte bzw. Daten können dann mit der eigenen oder einer anderen Mannschaft verglichen werden. Dazu kommen noch die Spieler, die ein Verein als potentielles Transferziel sieht und die gescoutet werden. Bei solchen Spielern werden verschiedene Kennzahlen miteinander verglichen und danach beurteilt. Beispielsweise hat sich Borussia Dortmund in der Wintertransferperiode 2018 für den Stürmer Michy Batshuayi entschieden, da er bei seinem alten Verein eine enorm gute Torquote hatte (alle 88,5 Minuten ein Tor).[92] Auch Bayer Leverkusen verpflichtete den Spieler Kevin Kampl im Sommer

---

91 Vgl. Herrmann (2015): „Tracking: Ein Blick hinter die Kulissen der Datenerhebung"

92 Vgl. bvb.de (2018): „Borussia Dortmund leiht Michy Batshuayi bis Saisonende vom FC Chelsea aus"

2015 aufgrund der Analyse seiner „Packing-Rate" und dem Vergleich mit anderen Spielern[93]

Dringlichkeit der Analyseergebnisse

Grundsätzlich lässt sich sagen, dass es wichtig ist die Daten in Echtzeit zur Verfügung zu haben, damit man entsprechend reagieren kann. So nutzt beispielsweise Jürgen Klopp (aktuell Trainer des FC Liverpool) in der Halbzeitpause das Mittel der Videoanalyse, um seinen Spielern taktische Korrekturen und Fehler aufzuzeigen. Damit benötigt er also die Videobilder der ersten Halbzeit sehr schnell und die Analysten benötigen zusätzlich Zeit, um die Videosequenzen entsprechend aufzubereiten.[94] Ein Hindernis ist hierbei aktuell noch die Vorschrift der FIFA, dass keine technischen Hilfsmittel direkt am Spielfeldrand genutzt werden dürfen. Dies würde die Wichtigkeit der Echtzeitbereitstellung nochmals vergrößern.[95] Auch im Hinblick auf die Trainingssteuerung ist die Bereitstellung der Daten in Echtzeit wichtig. So können beispielsweise die Belastungen gesteuert werden (z. B. über die Herzfrequenz), damit keine Überbelastung entsteht, was zu Verletzungen führen kann.[96]

Aktualität der Daten

Die Aktualität der Daten hängt direkt mit der Dringlichkeit der Daten zusammen. Bei der Vorbereitung auf den nächsten Gegner hilft es z. B. nicht auf die Daten aus der vorherigen Saison zurückzugreifen, denn oft spielen neue Spieler bei den Vereinen oder es hat einen Trainerwechsel gegeben.

Komplexität der Auswertungen

Die Komplexität ist von niedrig bis hoch einzustufen, da es im Fußball viele Situationen zu bewerten gibt. Beispielsweise ist die Auswertung für die Wahrscheinlichkeit, welche Ecke sich ein Schütze bei einem Elfmeter aussucht, nicht sehr komplex. Anders verhält es sich aber bei einem Spielzug im Spiel. Bekommt eine Mannschaft beispielsweise ein Gegentor über die linke Seite, so kann dies verschiedene Gründe haben. Der Fehler, der zum Gegentor führt, kann bei dem linken Verteidiger liegen, der den gegnerischen Spieler nicht genug unter Druck setzt.

---

93 Vgl. Nowroth 2016b)
94 Vgl. Gatzmaga (2013): „Psychologische Aspekte der Halbzeit"
95 Vgl. Kap. 3.1
96 Vgl. Jacobs (2016): „Sensoren unter den Trikots: Der gläserne Hamburger SV"

Aber es kann auch schon am Stürmer liegen, der nicht den richtigen Raum abdeckt oder einen Fehlpass spielt. Hier ist eine Auswertung also wesentlich komplexer.

Datenmenge

Positionsdaten, Laufstrecke, Zweikämpfe und Ballbesitz sind nur einige der vielen erfassten Daten im Fußball. Allein wenn man die Zahlen für die Erfassung der Positionsdaten durch das Tracking betrachtet, sieht man, dass das Volumen der Daten im Fußball enorm ist. So wird beispielsweise beim Kameratracking der Bundesliga während eines Spiels die Position von Spielern und Ball 25 Mal pro Sekunde aufgezeichnet. Für jeden Spieler entstehen somit bei Abpfiff ca. drei Millionen Positionsdaten.[97] Aber dies sind nicht die einzigen Daten die erfasst werden. Zusätzlich werden noch Daten, wie z. B. die Herzfrequenz der Spieler, aufgezeichnet. Außerdem zeichnen viele Vereine die Daten nicht nur während der Spiele, sondern auch im Training auf.[98] Es lässt sich also festhalten, dass die Datenmenge im Fußball sehr hoch ist.

Rechtliche Situation

Die rechtliche Situation gestaltet sich etwas problematisch, da die Nutzung der Daten einer Echtzeitanalyse während des Spiels nicht erlaubt ist. Zwar dürfen die Daten aufgezeichnet werden, aber es ist nicht möglich die Erkenntnisse aus der Analyse der Daten zu nutzen, da die FIFA den Einsatz technischer Geräte am Spielfeldrand nicht erlaubt. Außerdem dürfen dort keine Informationen, die von Sensoren oder Ähnlichem erzeugt wurden, genutzt werden.[99] Aber Dr. Hendrik Weber (Seniorproduktmanager Spieldaten der DFL) denkt, dass auch diese Einschränkung irgendwann fallen wird. Dies wird seiner Meinung nach auch durch die Einführung des Videobeweises ermöglicht.[100]

Technische Umsetzbarkeit

Hier muss man sich mit zwei Themen beschäftigen. Zum einen ist dies der Bereich der Datensammlung. Hierbei müssen die Geräte den Regularien der FIFA entsprechen und dürfen nur den Richtlinien entsprechend eingesetzt werden

---

97 Vgl. Kramer (2017)
98 Vgl. Schramm et al. (2015)
99 Vgl. FIFA (2015b)
100 Vgl. Memmert und Raabe (2017), S. 83

(siehe Kap. 3). Der andere Bereich ist die technische Umsetzung eines In-Memory-Systems für den Fußball. Hier ist vor allem die SAP mit ihrem System Sports One zu nennen. Das cloudbasierte System beruht auf dem SAP HANA System und ermöglicht die Analyse großer Datenmengen in Echtzeit. Bei der Umsetzung und Entwicklung der Lösung arbeitete die SAP eng mit dem DFB und 1899 Hoffenheim zusammen. Mittlerweile nutzt auch der deutsche Rekordmeister Bayern München das System.[101]

Wirtschaftlicher Mehrwert

Der wirtschaftliche Mehrwert ist noch nicht ganz geklärt, da noch nicht belegt ist, dass die Analyse der Daten auch wirklich einen gewichtigen Mehrwert bringt. Das Problem ist, dass beim Fußball der Zufall eine große Rolle einnimmt. Es kann beispielsweise passieren, dass eine Mannschaft, die aus analytischer Sicht Spiele gewinnen muss, gegen eigentlich unterlegene Mannschaften Spiele verliert. Dies liegt zum einen daran, dass die Spieler Fehler machen können, die keine Analyse mit einberechnen kann. Ebenso spielt der Zufall eine Rolle, denn eigentlich harmlose Schüsse auf das Tor können abgefälscht werden und so zu einem Tor führen. Auch dies kann keine Analyse miteinberechnen. Aber natürlich hilft die Analyse der Daten dabei die Wahrscheinlichkeit zu Siegen zu erhöhen, denn sie hilft dabei kleine Dinge beim Gegner zu finden, die den Unterschied ausmachen können.[102]

Durch eine genauere Analyse der Daten und vor allem durch die Einbeziehung einer größeren Menge an Daten können im Hinblick auf Transfers und Talentsuche Vorteile geschaffen werden. So kann die Wahrscheinlichkeit teurer Fehleinkäufe minimiert werden und auch das ein oder andere Talent gefunden werden, das von anderen Vereinen übersehen wird.[103]

Fazit

Grundsätzlich lässt sich sagen, dass In-Memory-Systeme im Fußball durchaus einen Mehrwert bringen können. Alleine die Verarbeitung der im Fußball sehr großen Datenmengen und die mögliche Nutzung der Daten in Echtzeit ist ein sehr großes Argument für den Einsatz von In-Memory-Systemen. Mit SAP Sports One wird auch ein System erfolgreich genutzt, beispielsweise sind hier die Aussagen

---

[101] Vgl. Schmitz (2015b)

[102] Vgl. Memmert und Raabe (2017), S. 168

[103] Vgl. Nowroth (2016a), S. 63

von Joachim Löw und Oliver Bierhoff zu nennen, die dem SAP System (damals noch „Match Insight") einen gewissen Anteil am WM-Titel 2014 geben.[104]

Es gilt also für jeden Verein abzuwägen, ob er die Möglichkeit von In-Memory-Systemen nutzen möchte und ob er dadurch einen Mehrwert für sich sieht.

---

[104] Vgl. Schmitz (2015b)

7 SAP Sports One

7.1 Systemgrundlage

Grundlage für SAP Sports One ist SAP HANA als cloudbasierte Lösung. Diese wurde aus zwei Gründen gewählt:

1. Da im Fußball viele Daten anfallen und diese möglichst schnell benötigt werden, braucht man ein System, das die Möglichkeit bietet, diese schnell zu analysieren. Dafür bietet sich das SAP HANA-System an, da es große Datenmengen verarbeiten und analysieren kann.[100]

2. Fußballvereine oder -verbände haben meistens keine besonders große IT-Infrastruktur, deshalb wurde die cloudbasierte Lösung gewählt. Dadurch wird ein Computer mit funktionierendem Browser oder ein Smartphone bzw. Tablet mit der mobilen App benötigt. Außerdem können durch die mobilen Lösungen die Funktionen überall genutzt werden.[100]

SAP HANA wurde 2011 als In-Memory-Datenbank vorgestellt und ermöglicht die schnelle Analyse großer Datenmengen. Mittlerweile wird SAP HANA von der SAP als Plattform für verschiedene hauseigene Anwendungen genutzt.[105] Dabei wird nur eine vereinfachte IT-Infrastruktur benötigt und es können moderne Anwendungen, wie z. B. Apps für Smartphones und Tablets, genutzt werden. Des Weiteren ist es für das System unwichtig aus welcher Quelle die Daten kommen, es können alle Daten verarbeitet werden.[106] Für die Analyse der Daten wird, wie bei In-Memory-Systemen üblich, der Hauptspeicher zum Halten der Daten genutzt. Dadurch wird es ermöglicht große Mengen an Daten in Echtzeit zu analysieren (siehe Kap. 5). SAP bietet HANA auch als cloudbasierte Lösung (SAP Cloud Platform) als Platform-as-a-Service (PaaS, siehe Kap. 4.2) an. Dabei dient die „SAP Cloud Platform" lediglich als Plattform für Anwendungen. Darüber werden auch mobile Anwendungen auf Smartphones und Tablets genutzt.[107]

---

[105] Vgl. Schmitz (2015a)

[106] Vgl. Silvia et al. (2017), S. 41-42

[107] Vgl. Litzel (2017): „Was ist SAP HANA?"

7.2 Entwicklungshistorie

Die Entwicklung eines Systems, das bei der Datenanalyse im Fußball hilft, ist begründet in der Zusammenarbeit zwischen der SAP und der TSG Hoffenheim. Dort wurde die SAP HANA Plattform als Erstes eingesetzt, um Werte über die Leistungen der Spieler zu ermitteln und zu analysieren. Der erste Prototyp, der speziell für den Fußball entwickelt wurde, kam bei der WM 2014 bei der deutschen Fußballnationalmannschaft zum Einsatz. Dieses System hatte damals noch den Namen „Match Insights". Die Hauptaufgabe von „Match Insights" lag dabei bei der Vor- und Nachbereitung der Spiele (also der Spielanalyse) und es konnten jedem Spieler individuelle und auf die Position zugeschnittene Analysen zur Verfügung gestellt werden. Außerdem wurde eine App mitentwickelt, die die Kommunikation innerhalb des Teams verbesserte. Das System half laut Aussagen von Joachim Löw und Oliver Bierhoff auch beim Titelgewinn 2014 in Brasilien. Davon ließ sich auch der FC Bayern München beeindrucken und entschied sich nach der WM 2014 für die Nutzung des Systems. Das jetzige System „Sports One" wurde dann 2015 als Nachfolger von „Match Insights" vorgestellt. Bei der Entwicklung von „Sports One" wurde eng mit dem DFB, der TSG Hoffenheim und dem FC Bayern München zusammengearbeitet. Das System ist für Fußballvereine und -verbände konzipiert und bringt viele unterschiedliche Daten, wie z. B. Spieldaten, Trainingsdaten, usw., zusammen. Für Manager, Trainer und Spieler gibt es spezielle Module in denen die entsprechenden Daten und Anwendungen für sie spezifisch zusammengestellt werden können. Jeder Verein oder Verband kann sich sein System mit unterschiedlichen Modulen nach Bedarf zusammenstellen. Diese Module sind in drei Kategorien unterteilt.[108]

7.3 Anwendungen

7.3.1 Mobile Kommunikation

Die mobile Kommunikation innerhalb des Teams wird durch die App „SAP Team One" ermöglicht. Diese App ist sowohl für Android als auch iOS (Apple) verfügbar. Team One ermöglicht eine sichere Kommunikation sowohl innerhalb des ganzen Teams, als auch in einzelnen Gruppen und privaten Chats. Für diese Gespräche werden einzelne sogenannte Kommunikationsräume angelegt. Dort kann verwal-

---

[108] Vgl. Schmitz (2015b)

tet werden, wer in diesen Räumen ist und ob diese teamabhängig oder teamunabhängig sind. Teamabhängige Räume werden automatische erstellt und der Trainerstab ist immer mit in dem Raum. Beispiele dafür sind Räume mit der kompletten Mannschaft, allen Spieler einer bestimmten Position oder individuelle Räume jedes einzelnen Spielers. Innerhalb dieser Kommunikationsräume können beispielsweise Nachrichten, Fotos, Pläne, Leistungsdaten, Videos für Analysen und ähnliche Dinge versendet, gespeichert und abgerufen werden.[109]

Zusätzlich gibt es noch die App „SAP Challanger Insights", die der Spielvorbereitung dient. Darüber können Trainer, Scouts und Spielanalysten Videos mit Infos zum Gegner teilen. Außerdem wird hier die Aufstellung des Gegners angezeigt. Die einzelnen Bilder der Spieler in der Aufstellung können direkt mit den entsprechenden Videos zu den einzelnen Spielern verlinkt werden. Trainer, Scouts und Spielanalysten haben die Berechtigung die Aufstellung und die Videos zu verwalten. Den Spielern werden die Informationen dann zum Download innerhalb der App zur Verfügung gestellt. Sie können aber nur die Aufstellung und die Videos einsehen. Diese App ermöglicht den Spielern aber eine neue und eigenständige Möglichkeit bei der Spiel- und Gegnervorbereitung.[110]

7.3.2 Scouting Insights

Diese Anwendung dient der Scouting-Abteilung der Vereine. Hier sind viele Funktionen verfügbar, die die Arbeit der Scouts vereinfachen sollen. Es können Scouting-Aufträge für Spieler und Mannschaften angelegt werden und Berichte zu den entsprechenden Aufträgen erstellt und eingesehen werden. Auch die Profile der einzelnen Spieler können verwaltet und eingesehen werden. Interessante Spieler, die aktuell oder in der Zukunft ein mögliches Transferziel darstellen, können auf eine Shortlist gesetzt werden. Dadurch bekommt man einen besseren Überblick, welche Spieler häufiger und intensiver beobachtet werden sollen. Zur besseren Bewertung der Spieler können Kataloge mit bestimmten Bewertungskriterien angelegt werden. Ebenso können vorher definierte Bewertungsbögen eingestellt werden, die eine schnelle und einfache Bewertung und Eingabe der Daten der Spieler ermöglichen.[111]

---

[109] Vgl. SAP AG (2018): „Benutzerhandbuch für SAP Sports One", S. 3-4 u. 8-11
[110] Vgl. SAP AG (2018), S. 11-13
[111] Vgl. SAP AG (2018), S. 4

7.3.3 Training Planner

Dieses Tool hilft dem Trainer bei der Vorbereitung und Planung von Trainingseinheiten. Es können Trainingseinheiten für einzelne Gruppen, die komplette Mannschaft und für einzelne Spieler geplant werden. Diesen Einheiten können dann Trainingsinhalte zugeordnet werden. Die Übungen, die in den einzelnen Einheiten trainiert werden, können in einem Katalog abgespeichert. Dies erleichtert die Trainingsgestaltung enorm, da nicht immer alle Übungen neu eingepflegt werden müssen. Die fertig geplante Trainingseinheit wird dann vom System abgespeichert. Dies hilft dabei einen Überblick über die trainierten Inhalte zu erhalten und es können Einheiten aus der Vergangenheit wiederverwendet werden. Des Weiteren besteht die Möglichkeit sich über Inhalte, Trainingspläne und die Ergebnisse der Trainingsarbeit auszutauschen. Dies ist für alle Mitglieder der Mannschaft (Spieler, Trainer und Staff) möglich. Außerdem kann den Spielern ein Feedback über die Erfüllung oder Nichterfüllung von Trainingszielen und -leistung gegeben werden.[112]

7.3.4 Match Insights

Wie der Name schon erkennen lässt, hilft diese Anwendung bei der Vorbereitung und Analyse von Spielen. Im ersten Schritt lassen sich dabei alle Spiele in allen Wettbewerben (Liga, Pokal, International) in einem Plan anlegen. Des Weiteren können im Bereich der Spielvorbereitung in der App „SAP Challenger Insight" mehrere eigene Aufstellungsvarianten erstellt werden. Zusätzlich können jedem Spiel Dateien (z. B. Videos oder Bilder) zugeordnet werden. Außerdem können (siehe Kap. 7.3.1) dem Gegner, sowohl der Mannschaft, als auch einzelnen Spielern, Eigenschaften und Videos zugeordnet werden. Bei der Analyse hilft das Tool „Taktiktafel". Dieses Tool zeigt die Position der Spieler zu jedem Zeitpunkt der Videosequenz an. Zusätzlich lassen sich, wenn man einen Spieler anklickt, verschiedene weitere Informationen abrufen und es kann auf der Taktiktafel gezeichnet werden (z. B. Laufwege aufzeichnen, usw.). Die bearbeiteten Videos können dann über „Team One" an Spieler und Trainer verschickt werden oder einem Spiel zugeordnet werden. Spieldaten von externen Anbietern (z. B. von OPTA oder der DFL) können auch in das System hochgeladen werden und den Spielen und Spielern zugeordnet werden. Ebenso ist es möglich eine Zeitleiste mit Spielereignis-

---

[112] Vgl. SAP AG (2018), S. 4 u. 41

sen (z. B. gelbe Karte, Tore, usw.) zu erstellen, um den Überblick über das entsprechende Spiel zu behalten. Den Spielern kann auch hier über „Team One" Feedback gegeben werden[113]

7.3.5 Fitness und Leistung der Spieler

Diese Anwendung unterstützt den Trainerstab dabei die Fitness und Leistungsfähigkeit der Spieler zu überwachen und zu steuern. Leistungstests lassen sich planen und die daraus erhobenen Daten können eingepflegt und analysiert werden. Dabei können Spieler verglichen werden und im Verhältnis zum Mannschaftsdurchschnitt beurteilt werden. Ebenso ist es möglich die Daten und Ergebnisse (z. B. in Diagrammen) zu visualisieren. Des Weiteren können Umfragen erstellt werden, um sich z. B. nach der Befindlichkeit der Spieler nach einer Trainingseinheit oder einem Spiel zu erkundigen und so ein Feedback über die Intensität zu erhalten. Außerdem ist es möglich die Trainingsauslastung der Spieler zu messen. Dabei legt der Trainer zu jeder Übung eine geplante Intensität fest. Über Tracking-Geräte wird dann während des Trainings die tatsächliche Intensität gemessen. Ein Vergleich beider Werte zeigt dann, in wie weit der Spieler ausgelastet ist. Für alle Leistungsparameter kann auch hier ein Katalog angelegt werden. Ebenso kann für bestimmte Positionen (z. B. Stürmer) festgelegt werden, was für Fähigkeiten ein Spieler haben muss und auf welchem Niveau diese sein müssen. Gleiches ist für bestimmte Gruppen (z. B. Altersgruppen) möglich. Diese Funktion hilft bei der Gesamtbeurteilung eines Spielers.[114]

7.3.6 Gesundheit der Spieler (Player Fitness)

Diese Anwendung richtet sich an die Mitglieder der medizinischen Abteilung, also z. B. Physiotherapeuten und Ärzte. Hier können medizinische Vorfälle dem Spielerprofil hinzugefügt werden und die Ausfallzeit definiert werden. Ebenso können Rehamaßnahmen und vorbeugende Maßnahmen bei kranken, verletzten und angeschlagenen Spielern vermerkt werden. Auch der Behandlungsplan, also welche Behandlungsmethoden durchgeführt werden und welche Medikamente genommen werden, kann hier dem Spielerprofil hinzugefügt werden. Die Verletzungs- und Krankheitshistorie der Spieler wird zusammen mit relevanten Dateien (z. B.

---

[113] Vgl. SAP AG (2018), S. 5, 43-44 u. 48-51
[114] Vgl. SAP AG (2018), S. 5, 54-60 u. 64-65

Röntgenbilder und Krankenakte) im Spielerprofil gespeichert. Des Weiteren lassen sich Berichte zur Medikation der Spieler, der Team-Fitness und der Behandlungen der Spieler erzeugen, um einen Überblick zu bekommen, welchen Stand die einzelnen Spieler haben. Auch in dieser Anwendung lässt sich ein Katalog für alle Behandlungen und Verletzungen erstellen.[115]

7.3.7 Teamverwaltung

Mit dieser Anwendung können alle Daten rund um das Team verwaltet werden. Spieler und Mitarbeiter können verwaltet werden. Ihnen können Rollen, die ihnen Zugriffe auf bestimmte Funktionen erlauben, zugeordnet werden und den Profilen können vertrauliche Daten, die nur mit Berechtigung eingesehen werden können (z. B. Ablösesumme oder andere Vertragsdetails), hinzugefügt werden. Des Weiteren kann man sich zu Spielen und Training sowohl Berichte, als auch Statistiken anzeigen lassen. Auch die Anzeige von detaillierten Listen von Spielern und Mitarbeitern ist hier möglich. Im Alltag eines Fußballvereins findet viel Kommunikation über und mit den Spielern statt. Um einen besseren Überblick auch über kurze und informelle Gespräche zu behalten, ist es möglich zu jedem Spieler über das sogenannte Spielerprotokoll kurze Notizen anzulegen. Auch viele organisatorische Aufgaben können mit der Teamverwaltungsanwendung durchgeführt werden. Dazu gehört die Koordination und Verwaltung von Turnieren, Trainingslagern, Freundschaftsspielen und Wettbewerbe (z. B. Liga oder Pokal). Ebenso können die Aufgaben der Mitarbeiter verwaltet werden und es können ihnen Aufgaben zugeordnet werden. Eine weitere Funktion ist das Anlegen und Verwalten eines Adressbuchs mit internen und externen Kontakten.[116]

---

[115] Vgl. SAP AG (2018), S. 5
[116] Vgl. SAP AG (2018), S. 6, 75-93

8 Fazit

In dieser Bachelorarbeit wurden die Zusammenhänge zwischen Fußball und Daten untersucht, um herauszufinden, ob der Einsatz eines Systems, wie „Sports One" von SAP, sinnvoll ist und dem Fußball einen Mehrwert bringen kann. Da im Fußball große Datenmengen generiert werden, ist es unerlässlich ein System zu finden, mit dem die vielen verschiedenen Daten zusammengebracht und analysiert werden können. Nur so lässt sich überhaupt ein Mehrwert durch die erfassten Daten generieren.

In einem dynamischen Sport wie dem Fußball ist es wichtig schnell Informationen aus den erfassten Daten zu generieren. Deshalb ist die In-Memory-Technologie optimal für den Einsatz im Fußball, denn sie ermöglicht Analysen in Echtzeit. Auch die Analyse von In-Memory-Systemen im Fußball hat ergeben, dass viele Kriterien erfüllt sind, die zeigen, dass ein Einsatz von solchen Systemen sinnvoll ist.

Ein wichtiger Vorteil ist die Kombination von In-Memory-Systemen mit der Cloud, wie es bei „Sports One" der Fall ist. Dadurch wird es ermöglicht, dass ein Verein nicht erst große Geldsummen in eine IT-Infrastruktur investieren muss, sondern nur einen Browser auf einem Computer oder eine App auf einem Smartphone oder Tablet benötigt. Ein weiterer Vorteil der Cloud-Technologie ist, dass von überall sowohl auf das Programm, als auch auf die Daten zugegriffen werden kann. Dies ist grade im Fußball mit vielen Auswärtsspielen und auch den Scouts, die im ganzen Land bzw. auf der ganzen Welt unterwegs sind, ein großer Vorteil.

Die Entwicklung und überhaupt die Idee für „SAP Sports One" ist sicher dem Umstand zu verdanken, dass der SAP-Mitbegründer Dietmar Hopp der Mäzen der TSG Hoffenheim ist. Denn schon bevor überhaupt der Vorgänger „Match Insights" entwickelt wurde, arbeitete man bei der TSG Hoffenheim mit den Systemen der SAP. Auch die Partnerschaft mit dem DFB und der erfolgreiche Verlauf der WM 2014, der erste Einsatz von „Match Insights", haben die Entwicklung weiter vorangebracht. Ebenso die Partnerschaft mit dem FC Bayern München. Allein die Strahlkraft des DFB und des FC Bayern dürften auch beim Verkauf des Produkts ein wichtiger Faktor gewesen sein, denn was der viermalige Weltmeister und der deutsche Rekordmeister nutzt kann ja nicht so verkehrt sein. Mittlerweile nutzen viele Vereine in der Bundesliga das System und auch International nutzen es mit

z. B. Manchester City und dem US-Verein Philadelphia Union einige Vereine.[117] Aber geht es nach der SAP soll Fußball nicht der einzige Einsatzbereich für „Sports One" bleiben. Sebastian Brunnert, ein Experte aus dem Bereich Sport & Entertainment der SAP, bestätigt in einem Interview, dass auch andere Mannschaftssportarten, wie z. B. Eishockey oder Basketball, interessante Märkte für das System darstellen.[118]

Mit den eben genannten Dingen haben wir schon zwei Motive der SAP für die Entwicklung von „Sports One" aufgezählt: Beziehung über Dietmar Hopp zur TSG Hoffenheim, Expansion auf andere Sportarten. Ein weiteres Motiv ist mit Sicherheit die Absicht Gewinne mit dem System zu generieren, denn ein wirtschaftlich denkendes Unternehmen wie die SAP möchte immer den größtmöglichen Gewinn erzielen. Ein anderer Punkt ist, denke ich, die Marktlücke, die vor der Einführung von „Match Insights" und „Sports One" bestand. Ein weiterer Vorteil war, dass mit SAP HANA und der cloudbasierten Technik schon das Grundgerüst vorhanden war und nicht erst entwickelt werden musste. Damit konnten die Kosten bei der Entwicklung niedrig gehalten werden und das System musste nur auf die Bedürfnisse eines Fußballvereins zugeschnitten werden.

Diese Bedürfnisse werden durch die Anwendungen von „Sports One" gut abgedeckt. Die mobile Kommunikation über die App „Team One" ermöglicht einen einfachen und direkten Austausch und erleichtert die Kommunikation so enorm. Auch die jeweiligen Anwendungen für Scouting und Training erleichtern die Arbeit der Scouts und Trainer enorm. Gleiches gilt für die Anwendung „Match Insights", denn in Zusammenarbeit mit der App „Challenger Insights" wird das Videostudium und die Gegneranalyse für die Spieler interessanter gestaltet, da sie auch selbst damit arbeiten können. Durch die Anwendungen für Fitness und Gesundheit wird auch die Arbeit des medizinischen Stabs erleichtert, da auch hier alle wichtigen Daten in wenigen Schritten angezeigt werden können. Auch die Teamverwaltung hilft beispielsweise einem Sportdirektor enorm bei der Koordination des ganzen Teams.

Ich denke, dass das SAP-System entscheidend beim Zusammenbringen, sowie bei der Verwaltung und Analyse der Daten hilft.

---

[117] Vgl. Wittershagen (2017)
[118] Vgl. Schmitz (2015b)

Grundsätzlich denke ich aber, dass es auch einige Gegner für das SAP-System geben wird, da Einige dieser Technologie mit Skepsis gegenüberstehen werden. Vor allem, da der Bereich einfach noch ziemlich neu ist und es noch nicht wirklich die absolute Erkenntnis über den Mehrwert eines solchen Systems gibt. Sobald sich aber herausstellt, dass die Echtzeitanalyse wirklich einen großen Mehrwert und Wettbewerbsvorteile bringt, werden alle diese Möglichkeit nutzen wollen, da die Vereine wettbewerbsfähig bleiben wollen.

Bei der Echtzeitanalyse wird es vor allem spannend zu verfolgen sein, wann die FIFA technische Geräte und Informationen von solchen Geräten zulässt (siehe Kap. 3.1). Denn sobald diese Hürde fällt, können Analysen des Gegners während des Spiels Vorteile bringen. Meiner Meinung nach wird es aber nicht mehr allzu lange dauern, bis diese Hürde fällt. Auch in Bezug auf Auswechslungen, die bisher nur auf der Intuition und dem Bauchgefühl des Trainerteams durchgeführt wurden, wird sich die Nutzung von Daten und Analysen am Spielfeldrand auswirken. Damit könnte man nämlich klar belegen, welcher Spieler aufgrund von Leistungs- oder Fitnesswerten ausgewechselt werden muss.

Des Weiteren werden auch noch andere Innovationen im Bereich der Datensammlung kommen. Wie schon in Kap. 3.4 beschrieben, gibt es dort viele Möglichkeiten mit z. B. Chips, die geschluckt werden müssen, oder Folien, die auf der Haut angebracht werden und darüber Daten liefern. Ich denke außerdem, dass im Bereich des Trackings auch noch weitere Entwicklungen hinsichtlich der Genauigkeit und der Größe der Geräte folgen werden.

Was Trainingsmethoden angeht, denke ich, dass das Taktiktraining mithilfe von VR-Brillen in den Fokus rücken wird. Dabei ist es von Vorteil, dass man sich direkt in einer Spielsituation befindet und damit auch sieht, wie sich alle anderen Spieler positionieren. Außerdem sollte man hier auch den Spaßfaktor berücksichtigen, denn es ist wesentlich interessanter auf einem virtuellen Fußballfeld die Taktik zu lernen, als in einem Raum mit einem Bildschirm bzw. Beamer.

Im Bereich von Big Data wird es interessant sein zu beobachten welche weiteren Kennzahlen in den großen Mengen erzeugter Daten entdeckt werden. Auch welche weiteren Kennzahlen aus den Positionsdaten entdeckt werden und wie es mit den aktuellen KPI (siehe Kap. 2.2 und 2.3) weitergeht, wird interessant zu beobachten sein, da diese Kennzahlen noch sehr neu sind.

Abschließend lässt sich noch sagen, dass das Thema Daten und Fußball und wie man diese Daten gewinnbringend nutzen kann, ein sehr interessantes Thema ist und auch in Zukunft sein wird. Viele weitere Innovationen werden wohl noch folgen. Die Frage, die sich aber stellt, ist, ob sich der Fußball durch die intensive Nutzung von Technologie, Datenanalysen usw. nicht zu stark verändert. Dazu ein Vergleich mit der Formel 1. Dort werden über alle möglichen Sensoren Daten über das Auto und den Fahrer gesammelt und ausgewertet. So kann der Fahrer beispielsweise bei einem eigenen Fehler nichts mehr auf das Auto schieben, sondern kann ganz genau gezeigt bekommen, wo sein Fehler lag. Selbes kann auch einem Fußballer blühen, wenn alles mit Sensoren usw. überwacht wird. Damit stellt sich also die Frage, ob es nicht irgendwann einen Punkt gibt, an dem der Charme des Fußballs verloren geht.

Meiner Meinung nach können, sowohl solche Systeme, wie „SAP Sports One", als auch Geräte zur Datensammlung, dem Fußball einen enormen Mehrwert geben, aber es darf eben nicht zu viel von alldem sein.

Um es mit den Worten von Karl-Heinz Rummenige (Vorstandsvorsitzender des FC Bayern) zu sagen:

„Wir bewegen uns zwischen Lederhose und Laptop."[119]

---

[119] Schramm et al. (2015)

Literaturverzeichnis

Barton, Thomas (2014): E-Business mit Cloud Computing. Grundlagen, Praktische Anwendungen, verständliche Lösungsansätze. Wiesbaden: Springer Vieweg (IT-Professional).

Bendler, Johannes; Wagner, Sebastian; Brandt, Tobias; Neumann, Dirk (2014): Taming Uncertainty in Big Data. In: *Bus Inf Syst Eng* 6 (5), S. 279–288. DOI: 10.1007/s12599-014-0342-4.

Biermann, Christoph (2016): Moneyball im Niemandsland. Midtjyllands Revolution. 11Freunde. Online verfügbar unter https://www.11freunde.de/artikel/midtjyllands-revolution, zuletzt geprüft am 05.02.2018.

Bry, François; Nagel, Wolfgang E.; Schroeder, Michael (2004): Grid-Computing. In: *Informatik-Spektrum*, S. 542–545. Online verfügbar unter https://link.springer.com/content/pdf/10.1007%2Fs00287-004-0443-4.pdf, zuletzt geprüft am 18.01.2018.

Bundesamt für Sicherheit in der Informationstechnik (o. J.): Cloud Computing Grundlagen. BSI. Online verfügbar unter https://www.bsi.bund.de/DE/Themen/DigitaleGesellschaft/CloudComputing/Grundlagen/Grundlagen_node.html, zuletzt geprüft am 09.01.2018.

bvb.de (2018): Borussia Dortmund leiht Michy Batshuayi bis Saisonende vom FC Chelsea aus. Borussia Dortmund. Online verfügbar unter https://www.bvb.de/ger/News/Uebersicht/Borussia-Dortmund-leiht-Michy-Batshuayi-bis-Saisonende-vom-FC-Chelsea-aus, zuletzt geprüft am 01.02.2018.

Davenport, Thomas H. (2014): Big data, mining, and analytics. Components of strategic decision making. Hg. v. Stephan Kudyba. Boca Raton, London, New York, Hoboken: CRC Press; Taylor and Francis (An Auerbach book). Online verfügbar unter http://ebookcentral.proquest.com/lib/subhh/detail.action?docID=1407625.

DFB (2017): DFB und SAP verlängern Partnerschaft. Online verfügbar unter https://www.dfb.de/news/detail/dfb-und-sap-verlaengern-partnerschaft-171421/?no_cache=1&cHash=320eae4549bbf9f44c24ec4ef9e2f53e, zuletzt geprüft am 25.01.2018.

Dorschel, Joachim (Hg.) [2015]: Praxishandbuch Big Data. Wirtschaft -- Recht -- Technik. Weisbaden: Springer Gabler.

Fasel, Daniel (2014): Big Data – Eine Einführung. In: *HMD* 51 (4), S. 386–400. DOI: 10.1365/s40702-014-0054-8.

FAZ.net (2017): Sportzitate des Tages. FAZ.net. Online verfügbar unter http://www.faz.net/aktuell/sport/sport-zitat-des-tages-11636441/der-ball-ist-rund-und-das-14946307.html, zuletzt geprüft am 04.02.2018.

Fehling, Christoph; Leymann, Frank (o. J.): Cloud Computing. Gabler Wirtschaftslexikon. Online verfügbar unter http://wirtschaftslexikon.gabler.de/Archiv/1020864/cloud-computing-v9.html, zuletzt geprüft am 10.01.2018.

FIFA (2015a): 129th Annual General Meeting of The International Football Association Board. FIFA. Online verfügbar unter http://resources.fifa.com/mm/document/affederation/ifab/02/60/90/85/2015agm_minutes_v10_neutral.pdf, zuletzt geprüft am 13.12.2017.

FIFA (2015b): Brief an die Mitglieder der FIFA. FIFA. Online verfügbar unter http://resources.fifa.com/mm/document/affederation/administration/02/66/27/59/circularno.1494-approvalofelectronicperformanceandtrackingsystem(epts)devices_neutral.pdf, zuletzt geprüft am 13.12.2017.

Filmstarts.de (2012): Die Kunst zu gewinnen - Moneyball. Online verfügbar unter http://www.filmstarts.de/kritiken/140005.html, zuletzt geprüft am 05.02.2018.

Fraunhofer Institut (o. J.): Public, Private und Hybrid Cloud? Online verfügbar unter https://www.cloud.fraunhofer.de/de/faq/publicprivatehybrid.html, zuletzt geprüft am 10.01.2018.

Freiknecht, Jonas (2014): Big Data in der Praxis. Lösungen mit Hadoop, HBase und Hive: Daten speichern, aufbereiten, visualisieren. München: Hanser.

Freytag, Johann-Christoph (2014): Grundlagen und Visionen großer Forschungsfragen im Bereich Big Data. In: *Informatik Spektrum* 37 (2), S. 97–104. DOI: 10.1007/s00287-014-0771-y.

Garcia-Molina, Hector; Salem, Kenneth (1992): Main memory database systems. An overview. In: *IEEE Transactions on Knowledge and Data Engineering* 4, 06.12.1992 (6), S. 509–516. Online verfügbar unter http://www.dbis.informatik.hu-ber-lin.de/fileadmin/lectures/WS2015_16/NeueKonzepte_VL/MainMemoryDatabaseSystemsAnOverview.pdf, zuletzt geprüft am 25.01.2018.

Gatzmaga, Nils (2013): Psychologische Aspekte der Halbzeit. Online verfügbar unter https://www.psychologie-fussball.de/2013/03/30/psychologische-aspekte-der-halbzeit/, zuletzt geprüft am 28.01.2018.

Gruber, Angela (2016): Kleiner geht's nicht. Physikalische Grenze der Chip-Entwicklung. Spiegel Online. Online verfügbar unter http://www.spiegel.de/netzwelt/web/moore-s-law-die-goldene-regel-der-chiphersteller-broeckelt-a-1083468.html, zuletzt geprüft am 04.01.2018.

Herceg, Ljubo (2017): Trainer-Abrechnung: Scholl legt nach. Sport1.de. Online verfügbar unter https://www.sport1.de/fussball/bundesliga/2017/12/scholl-schiesst-gegen-trainer-generation-um-nagelsmann-tedesco-und-wolf, zuletzt geprüft am 04.02.2018.

Herrmann, Karol (2015): Tracking: Ein Blick hinter die Kulissen der Datenerhebung. Bundesliga.com. Online verfügbar unter https://www.bundesliga.com/de/bundesliga/news/inside-trackingdaten-ein-blick-hinter-die-kulissen-der-datenerhebung-dfl-digital-sports.jsp, zuletzt geprüft am 26.01.2018.

Jacobs, Henrik (2016): Sensoren unter den Trikots: Der gläserne Hamburger SV. Hamburger Abendblatt. Online verfügbar unter https://www.abendblatt.de/sport/fussball/hsv/article207388783/Sensoren-unter-den-Trikots-Der-glaeserne-Hamburger-SV.html, zuletzt geprüft am 28.01.2018.

Kempe, Lysander; Rehbock, Marc (2017): Virtual Reality im Profisport. ARD Sportschau. Online verfügbar unter http://www.sportschau.de/weitere/allgemein/virtual-reality-in-sport-medien-100.html, zuletzt geprüft am 03.01.2018.

Kicker.de (2018): ALKA Superliga - Spieltag / Tabelle. Stand: 18. Spieltag. Kicker. Online verfügbar unter http://www.kicker.de/news/fussball/intligen/intwettbewerbe/sas-ligaen/2017-18/18/0/spieltag.html, zuletzt geprüft am 05.02.2018.

King, Stefanie (2014): Big Data. Potential und Barrieren der Nutzung im Unternehmenskontext. Zugl.: Innsbruck, Univ., Diss., 2013. Wiesbaden: Springer VS. Online verfügbar unter http://dx.doi.org/10.1007/978-3-658-06586-7.

Klein, Dominik; Tran-Gia, Phuoc; Hartmann, Matthias (2013): Aktuelles Schlagwort: Big Data. In: *Informatik-Spektrum* (03), S. 319–323. Online verfügbar unter https://link.springer.com/content/pdf/10.1007/s00287-013-0702-3.pdf, zuletzt geprüft am 28.11.2017.

Knolmayer, Gerhard F. (2000): Application Service Providing (ASP). In: *Wirtsch. Inform.* 42 (5), S. 443–446. DOI: 10.1007/BF03250760.

Koenen, Jens; Buchenau, Martin; Fasse, Martin (2014): Der gläserne Lahm. In: *Handelsblatt*, 20.08.2014 (159), S. 14.

Kramer, Jörg (2017): Siegen mit Big Data. In: *Die Zeit*, 28.09.2017 (40), S. 24.

Laske, Marian (2016): BVB-Spieler Weigl knackt gegen den FC Köln Liga-Rekord. Der Westen. Online verfügbar unter https://www.derwesten.de/sport/fussball/bvb/bvb-spieler-weigl-knackt-gegen-den-fc-koeln-liga-rekord-id11826938.html.

Lehner, Andreas; Nier, Christian (2015): Einen Schritt voraus. In: *Spox.com*, 30.04.2015. Online verfügbar unter http://www.spox.com/de/sport/fussball/1504/Artikel/sap-stellt-sports-one-vor.html, zuletzt geprüft am 04.12.2017.

Litzel, Nico (2017): Was ist SAP HANA? Definition. Online verfügbar unter https://www.bigdata-insider.de/was-ist-sap-hana-a-617851/, zuletzt geprüft am 29.01.2018.

Mäder, Olaf B. (2007): Application Service Providing - Chancen und Risiken. In: *Z. Control. Manag.* 51 (3), S. 181–187. DOI: 10.1007/s12176-007-0054-4.

Marinos, Alexandros; Briscoe, Gerard (2009): Community Cloud Computing. In: *First International Conference, CloudCom 2009*, S. 472–484.

Mell, Peter; Grance, Tim (2011): The NIST Definition of Cloud Computing. National Institute of Standards and Technology (NIST). Online verfügbar unter http://nvlpubs.nist.gov/nistpubs/Legacy/SP/nistspecialpublication800-145.pdf, zuletzt geprüft am 09.01.2018.

Memmert, Daniel; Raabe, Dominik (2017): Revolution im Profifußball. Mit Big Data zur Spielanalyse 4.0. Berlin, Heidelberg: Springer Berlin Heidelberg. Online verfügbar unter https://ebookcentral.proquest.com/lib/gbv/detail.action?docID=4865426.

Memmert, Daniel; Raabe, Dominik; Knyazev, Alexander; Franzen, Aljoscha; Zekas, Lukas; Rein, Robert et al. (2016): Innovative Leistungsindikatoren im Profifußball auf der Basis von Positionsdaten. In: *IMPULSE-Das Wissenschaftsmagazin der Deutschen Sporthochschule Köln* Vol. 21, 2016 (2), S. 14–21. Online verfügbar unter https://fis.dshs-koeln.de/portal/files/2743831/Memmert_2016_Innovative_Leistungsindikatoren_im_Profifussball.pdf, zuletzt geprüft am 06.12.2017.

Mertens, Peter; Bodendorf, Freimut; König, Wolfgang; Schumann, Matthias; Hess, Thomas; Buxmann, Peter (2017): Grundzüge der Wirtschaftsinformatik. 12., grundlegend überarbeitete Auflage. Berlin: Springer Gabler. Online verfügbar unter http://dx.doi.org/10.1007/978-3-662-53362-8.

Metzger, Christian; Reitz, Thorsten; Villar, Juan (2011): Cloud computing. Chancen und Risiken aus technischer und unternehmerischer Sicht. München: Hanser. Online verfügbar unter http://dx.doi.org/10.3139/9783446426580.

Nowroth, Maximilian (2016a): Talentsuche - Der zwölfte Mann heißt Big Data. In: *WirtschaftsWoche Global 01G*, 03.06.2016, 63-65.

Nowroth, Maximilian (2016b): Packing - Das steckt hinter der statistischen Analyse der Fußball-EM. In: *wiwo.de*, 15.06.2016. Online verfügbar unter http://www.wiwo.de/erfolg/gruender/packing-das-steckt-hinter-der-statistischen-analyse-der-fussball-em/13733136.html, zuletzt geprüft am 04.12.2017.

o.V. (2014): adidas SMART BALL: innovativer Sensoren-Fußball hilft Schusstechnik zu verbessern. adidas.de. Online verfügbar unter http://news.adidas.com/de/Latest-News/adidas-miCoach-Smart-Ball-Hits-Store-Shelves-in-US-and-Europe/s/0fb2b230-6467-4da2-9ce2-ec638d90467f.

o.V. (2016): Homepage der Firma Impect. Hg. v. Impect. Online verfügbar unter http://www.impect.com/de/, zuletzt geprüft am 13.12.2017.

Piller, Gunther; Hagedorn, Jürgen (2011): Einsatzpotenziale für In-Memory Data Management in betrieblichen Anwendungssystemen. In: *Wirtsch Inform Manag* 3 (5), S. 18–25. DOI: 10.1365/s35764-011-0073-y.

Plattner, Hasso; Zeier, Alexander (2012): In-memory data management. Technology and applications. Unter Mitarbeit von Alexander Zeier. second edition. Heidelberg, New York, Dordrecht, London: Springer.

Repschläger, Jonas; Pannicke, Danny; Zarnekow, Rüdiger (2010): Cloud Computing. Definitionen, Geschäftsmodelle und Entwicklungspotenziale. In: *HMD* 47 (5), S. 6–15. DOI: 10.1007/BF03340507.

SAP AG (2012): SAP HANA™ Database - Development Guide. SAP AG. Online verfügbar unter http://users.ipfw.edu/chansavj/SAP-HOW-TO/SAP%20HANA%E2%84%A2%20Database%20%E2%80%93%20Development%20Guide-hana_dev_en.pdf, zuletzt geprüft am 24.01.2018.

SAP AG (2018): Benutzerhandbuch für SAP Sports One. Online verfügbar unter https://help.sap.com/doc/2aef203ce95c432cb60aa5fd1a1e2c5b/1801/de-DE/SAPSportsOne_DE.pdf, zuletzt geprüft am 02.02.2018.

Schmidt, Sascha (2016): Schlucken Profis bald Sensoren vor dem Spiel? Spiegel Online. Online verfügbar unter https://www.focus.de/sport/experten/schmidt/fussball-schlucken-profis-bald-sensoren-vor-dem-spiel_id_5943395.html, zuletzt geprüft am 02.01.2018.

Schmitz, Andreas (2015a): Was ist eigentlich SAP HANA? SAP AG. Online verfügbar unter https://news.sap.com/germany/ist-eigentlich-sap-hana/, zuletzt geprüft am 29.01.2018.

Schmitz, Andreas (2015b): Was ist eigentlich SAP Sports One? Interview mit S. Brunnert. SAP AG. Online verfügbar unter https://news.sap.com/germany/ist-eigentlich-sap-sports-one/, zuletzt geprüft am 25.01.2018.

Schramm, Anja; Gratenschläger, Lars; Lobe, Adrian (2015): Der gläserne Profi. In: *Welt am Sonntag*, 15.02.2015 (7), S. 21.

Schroeck, Michael; Shockley, Rebecca; Smart, Janet; Romero-Morales, Dolores; Tufano, Peter (2012): Analytics: The real-world use of big data. How innovative enterprises extract value from uncertain data, zuletzt geprüft am 22.11.2017.

Silvia, Penny; Frye, Rob; Berg, Bjarne (2017): SAP HANA - Die neue Einführung. 3., aktualisierte und erweiterte Auflage. Bonn: Rheinwerk Verlag GmbH (Rheinwerk Publishing).

Statista (2017): Prognose zum weltweit generierten Datenvolumen. Statista.de. Online verfügbar unter https://de.statista.com/statistik/daten/studie/267974/umfrage/prognose-zum-weltweit-generierten-datenvolumen/, zuletzt geprüft am 28.11.2018.

SZ.de (2010): Franz Beckenbauer - Der weise Kaiser. SZ.de. Online verfügbar unter http://www.sueddeutsche.de/sport/franz-beckenbauer-der-weise-kaiser-1.996401-8, zuletzt geprüft am 04.02.2018.

TechAmerica Foundation (2012): Demystifying Big Data. A practical guide to transforming the business of government, zuletzt geprüft am 22.11.2017.

Ulbricht, Stephan (2014): Analyse und Systematisierung von Einsatzszenarien In-Memory-basierter Datenbanksysteme. In: *Tagungsband des 18. Interuniversitären Doktorandenseminars*, 2014. Online verfügbar unter http://docplayer.org/3966106-Tagungsband-des-18-interuniversitaeren-doktorandenseminars.html, zuletzt geprüft am 26.01.2018.

Vaquero, L.; Rodero-Merino, L.; Caceres, J.; Lindner, M. (2009): A Break in the Clouds: Towards a Cloud Definition. In: *ACM SIGCOMM Computer Communication Review 39*, S. 50–55.

Weiner, Nico; Renner, Thomas; Kett, Holger (2010): Geschäftsmodelle im "Internet der Dienste". Trends und Entwicklungen auf dem deutschen IT-Markt. Stuttgart: Fraunhofer-Verl.

Weinhardt, Christof; Anandasivam, Arun; Blau, Benjamin; Borissov, Nikolay; Meinl, Thomas; Michalk, Wibke; Stößer, Jochen (2009): Cloud-Computing. Eine Abgrenzung, Geschäftsmodelle und Forschungsgebiete. In: *Wirtschaftsinformatik*, S. 453–462.

Wittershagen, Michael (2017): Auf dem Weg zum Daten-Spiel. In: *Frankfurter Allgemeine Zeitung*, 26.12.2017. Online verfügbar unter http://www.faz.net/aktuell/sport/fussball/bundesliga/fussball-auf-dem-weg-zum-daten-spiel-15344638-p2.html?printPagedArticle=true#pageIndex_1, zuletzt geprüft am 25.01.2018.

Zikopoulos, Paul (2013): Harness the power of big data. The IBM big data platform. Hg. v. Roman B. Melnyk. New York: McGraw-Hill.

Quellen Abbildungen und Tabelle

bvb.de (2017): Galeriebild - Training Aubameyang. Online verfügbar unter https://www.bvb.de/var/ezdemo_site/storage/images/media/bilder/galeriebilder/98g_training_aubameyang3/2018972-1-ger-DE/98G_Training_Aubameyang3_bvbnachrichtenbild_regular.jpg, zuletzt geprüft am 20.12.2017.

Kicker.de (2014): Spieldaten Brasilien vs. Deutschland. Online verfügbar unter http://www.kicker.de/news/fussball/wm/spiele/weltmeisterschaft/2014/6/1417879/0/default/0/default/spieldaten_brasilien-920_deutschland.html, zuletzt geprüft am 01.12.2017.

Memmert, Daniel; Raabe, Dominik (2017): Revolution im Profifußball. Mit Big Data zur Spielanalyse 4.0. Berlin, Heidelberg: Springer Berlin Heidelberg. Online verfügbar unter https://ebookcentral.proquest.com/lib/gbv/detail.action?docID=4865426.

o.V. (2017): Zugriffszeit. itwissen.info. Online verfügbar unter http://www.itwissen.info/Zugriffszeit-access-time.html, zuletzt geprüft am 24.01.2018.

Plattner, Hasso; Zeier, Alexander (2012): In-memory data management. Technology and applications. Unter Mitarbeit von Alexander Zeier. second edition. Heidelberg, New York, Dordrecht, London: Springer.

Anhang

Anlage A1: E-Mail von „Opta" mit Definitionen für Fußballstatistiken

Torschuss:

Hier gibt der aktuelle Definitionskatalog keine Information wann ein Schuss ein Schuss ist. „Ungeschriebene Regel" ist aber folgendes:

- Der Spieler muss Schussintension haben, heißt er versucht ein Tor zu schießen

- Ein Schuss wird nur dann als solcher gewertet, wenn er nach vorne und nicht nach hinten geht

Ballaktionen:

Ballaktionen (früher Ballkontakte) beschreiben die Anzahl der Aktionen eines Spielers am Ball. Für eine Ballaktion ist mindestens eine Ballberührung nötig. Dazu zählen beispielsweise Pässe, Torschüsse, klärende Aktionen, Dribblings, Tacklings und auch unkontrollierte Ballberührungen aber nicht verlorene Luftzweikämpfe.

Zweikampf:

General definition:

A duel is a player head to head.

Bei unserer Erfassung setzen sich die Zweikämpfe aus den folgenden verschiedenen Events zusammen:

Aerial Won/Lost: (Luftzweikampf)

An aerial is given when two players are competing for an aerial ball. To give an aerial it is not necessary that both players jump, but what is important is that both players are close enough and are challenging each other for the ball. One of the players must make contact with the ball to give an aerial. The player who wins the ball gets the Aerial won and the player who does not will get an Aerial lost.

Tackle Won/Lost: sich in Ballbesitz befindenden Gegner vom Ball trennen (beides gewonnener Zweikampf)

Tackle won:

A tackle is the act of removing possession from an opposition player when the player is in possession of the ball. A tackle won and lost in theory are the same thing, in both cases the opposition player loses possession of the ball, the only difference between these two is the outcome of the tackle. A tackle won is given when a player makes a tackle and possession is retained by either himself or one of his team mates and if as result of the tackle the ball leaves the field of play. This is also a positive tackle (tackle won).

Tackle lost:

Given when a player makes a tackle but possession is lost after the tackle. For example, after the tackle the ball happens goes straight back to a player from the opposition team (including the player that was tackled).

TAKE ON WON: erfolgreiches Dribbling (gewonnener Zweikampf)

A take on won is given when a player successfully dribbles through or around an opposition player. The important thing to look for is that the player beats an opposition player and that his opponent is close enough to of made a tackle. The player must completely dribble past the opposition player with the ball, if the opposition player get a foot on the ball but the attacker manages to keep possession a take on won can also be given. If a player dribbles past three opposition players in quick succession the analyst can award 3 take ons, but again all players must have been close enough to make a tackle.

CHALLENGE LOST: umdribbelt werden (verlorener Zweikampf)

This event is the opposing event to a take on won duel. It is given to a player who was just been beaten by the take on won from the opposition player. Challenge lost means that the player was close enough to make a tackle but was beaten by the opposition players dribble. A challenge lost can also be given to a goal keeper if they are beaten by a dribbled in a one on one situation.

TAKE ON LOST: verlorenes Dribbling (verlorener Zweikampf)

This is the opposite of a take one won. It is the attempt to dribble around an opposition player, however in this instance the player attempting the dribble gets tackled and loses possession. This would be accompanied by either a tackle won or a tackle lost.

DISPOSSESSED: in Ballbesitz befindender Spieler wird vom Gegner vom Ball getrennt ohne einen Dribblingversuch zu unternehmen (verlorener Zweikampf)

A dispossessed is given when a player is tackled without attempting to dribble past his opponent. This is like a take on lost, however in this instance the player is caught in possession of the ball rather than trying to beat an opposition player. This event again needs to be accompanied by a tackle won or a tackle lost for the opposition player.

GK SMOTHER: (gewonnener Zweikampf)

This is event is a tackle for the goal keeper. This must be accompanied by a take on lost. In this instance the attacking player was trying to dribble around the goal keeper in a one on one situation, if the keeper rushes out and makes a tackle then he would need a GK Smother and the opposition player would need a take on lost.

FREE KICK WON/LOST:

Alle Fouls an denen 2 Spieler beteiligt sind und erfasst werden, werden zu den Zweikämpfen dazu gezählt.